13歳からの税

三木義一 監修

はじめに

「税」と聞いても、みなさんは「子どもには関係がない」と思うかもしれません。税は、働いてお金をかせいでいる大人が払うものだと思うでしょう。

しかし、税について知ることは、大人にとっても子どもにとっても、とても大切なことです。なぜなら、私たちの社会は、税がなければ成り立ちません。道路や水道などの目に見えるものから、治安を守ったり健康に暮らすための目に見えないサービスまで、税によって支えられているからです。税の集め方や使い方を知ることは、そのまま、私たちが暮らす社会を知ることになるのです。

税の歴史は長い間、一部の権力者に「とられる」ものでした。市民は税について決めることができず、いわれるままに支払わなければなりませんでした。

それが、日本では１９４６年に新しい憲法と普通選挙権ができたことで、税は国民が決め、支払うものになりました。

つまり、私たちがどんな社会で暮らしたいのか、そのためには、どんな税のしくみがよいのかを決められるようになったのです。

このシリーズでは、税の歴史から税の種類や集め方まで、幅広く税について紹介します。主権者として、これからどんな日本にしたいのか。そのために税をどうしていけばよいのか、いっしょに考えてみましょう。

目次

第1部

税の集め方、使い方のしくみ

休みの日に、久しぶりに
おばあちゃんに会いにいった。
車で2時間、まだたくさん田んぼが残るちいさな町だ。
おばあちゃんはだいぶ足が弱っていて、
買い物に行くのも大変だという。

「こんにちは～」

突然《とつぜん》、若い女の人がやってきた。

だれだろう？

「ホームヘルパーさんだよ」

とおばあちゃんが教えてくれた。

なんでも、食事をつくったり、部屋の掃除《そうじ》をしてくれたり、
おばあちゃんの用事を手伝ってくれるそうだ。

お手伝いさんが雇《やと》えるなんて
おばあちゃんはすごくお金持ちなの？

「これは介護《かいご》保険のサービスで
税金と保険料で成り立っているんだよ」
とママが教えてくれた。
でもおばあちゃんはそんなにたくさん税金を
はらっているように見えないよ。
働いてもいないし、畑でちょっと野菜を
つくっているくらいだもの。

「税金ってね……」
ママが教えてくれた。
たくさんはらえる人からはたくさん集めて、
少ししかはらえない人からは少しだけもらう、
それが「平等」な税金の集め方なんだって。
その税金の考え方って、
どうやって生まれたのかな？
本当にそうなっているのかな？

第1章　なんのために税を集めるの？

❶　安心できる社会をつくるため

■生活に欠かせないもの

私たちは、毎日たくさんの商品やサービスにたよって生活しています。食べ物を買いにスーパーに行ったり、その途中《とちゅう》で歩道橋をわたったり、電車やバスに乗ったり。電気はもちろん、料理をつくるためには水やガスも必要です。

これらのうち、だれもが利用し、生活に欠かせないものがあります。私たちの暮らしの土台になっている道路や鉄道、水道、電線網《もう》などの施設《しせつ》を**公共インフラ**といいます。生活インフラ、社会資本などとよぶこともあります。こうした公共インフラの多くは、税金によってつくられ、みんなで公平に使えるようになっています。

道路や橋など、目に見えるものばかりではありません。

小中学校の運営、警察や消防、予防接種、年金などのサービスにも、税金が使われています。企業がやれば高くなるサービスを、適切な料金でだれにでも提供できるように、税金が使われているのです。こうすることで、お金のない人も、病気の人も、みんなが安心して暮らせる社会が成り立つのです。

■富める人から困っている人へ

税金には、極端《きょくたん》に貧しい人や、極端にお金持ちの人をなるべく減らす役割もあります。つまり、お金持ちにはたくさん税金をはらってもらい、それを貧しい人や困っている人の生活をささえるために使うのです。そうすることによって、人々の経済的な格差が小さくなり、安定した社会をつくることができます。

❷ 使う分に合わせて税を集める

■家計と財政の大きなちがい

税金のことを考えるとき、私たちはよく**家計**にたとえます。

家計とは、みんなのお家でのお金のやりくりのことです。これに対して、国がお金をやりくりすることを**財政**といいます。財政とは、税金を集めたり使ったりすること、と言いかえてもよいでしょう。

この財政と家計とは、大きくちがうところがあります。

たとえば家計では、収入がある程度決まっています。お父さんやお母さんの給料は、あるとき突《とっ》然《ぜん》減ったり増えたりすることは、あまりありません。子どものお小遣《こづか》いも、そうでしょう。だから、毎月の収入に合わせて、食費や娯楽《ごらく》費などの出ていくお金を調整するのが家計です。

ところが、税の使い方や、集め方ではこれがまったく逆になります。私たちはどういう公共サービスが必要で、どれくらい費用がかかるのかをはじめに決めて、それに合わせて税金を集めるのです。「税金が足りないので、必要な道路をつくれません」「学校が運営できません」ということでは、人の命にかかわったり、社会が不安定になります。

だから、はじめに必要な費用を計算し、それに合わせていくらの税金が必要なのか、そのためにどう税金を集めるのかを決めるしくみをとっているのです。

■財政赤字のなか、どうサービスを守るか?

ところが、日本は長い間、集められる税金以上にお金を使っていました。そのため、たくさんの借金（負債《ふさい》）をかかえていることが問題になっています。日本は大幅《おおはば》な赤字になっているのです。専門的な用語では、**財政赤字**といいます。

また、子どもの数が減り、高齢者《こうれい》が増えるという**少子高齢化**の進行のなかで税収が減ることが予想され、ますます税が足りなくなっていくことがわかっています。

借金を減らすために、むだな**公共事業**（67ページ）の見直しなどは必要ですが、しかし、税が足りないからといって、必要なサービスまでなくしてしまうことがあってはいけません。そのためにも、「これだけのサービスが必要だから、これだけの税金を集めなければいけない」という話し合いも大切です。税金をなにに使うのかをみんなで議論して、納得《なっとく》し、そのために税金をどう集めるのかを考えることが、基本となるのです。

❸ 使い道が決まっている税もある

■目的税ってどんな税？

所得税、住民税、法人税、消費税……税金にはさまざまな集め方があり、たくさんの種類があります。そのほとんどは、集めたあとはなんにでも使うことができる普通《ふつう》税といわれる税です。しかし、なかには、はじめから使い道を決めて集められる税があります。それが**目的税**です。

たとえば、ガソリン税（揮発油《きはつゆ》税、地方道路税）は、道路を建設するという目的で集められた目的税です。車を運転して道路を使う人が、その費用を負担するという考え方で集められているのです。

これを**受益者負担の原則**といいます。

地球環境《かんきょう》を守るために、人や企業《きぎょう》の活動を税でコントロールする……。そんな目的税もあります。ヨーロッパの国々で早くから導入されている税で、**環境税**といいます。地球温暖化の原因となっている二酸化炭素の発生をおさえるため、二酸化炭素を出す燃料にかける税で、炭素税ともいわれます。石油や石炭などの化石燃料の使用を減らすのがねらいです。ここから得られた税金は、省エネルギー対策や自然エネルギーの普及《ふきゅう》のために使用される決まりになっています。

目的税の問題点

税金の使い道をはじめから決めておくことには、問題もあります。なぜなら、その支出が必要なくなったときにもお金が集まるので、それを使うために使い道を考える、というむだ遣《づか》いの原因となるからです。実際、ガソリン税は道路整備の建設資金と結びつけられているので、ガソリン税がある限り、道路がつくりつづけられます。実際、必要のない道路がたくさんつくられてます。また、「税金をどのように使うのか」ということを、国民が判断していく自由がせばめられることにもなります。

●これだけある目的税

[国・都道府県が集める目的税]

地方道路税	地方の道路建設のための税金
トン税	外国貿易船の港湾への入港に対して課される税金
電源開発促進《そくしん》税	新しい電源開発のための税金
狩猟《しゅりょう》税	狩猟者の登録を受ける人への税金

[市町村が集める目的税]

入湯《にゅうとう》税	鉱泉浴場での入湯客への税金
事業所税	都市環境《かんきょう》の整備、改善にあてられる税金
都市計画税	都市計画区域内の土地・建物への税金
水利地益税	水利・林道事業によって特に利益を受ける土地や家屋への税金
共同施設《しせつ》税	共同施設の維持《いじ》管理費用にあてるための税金
宅地開発税	公共施設の整備が必要とされる地域での宅地開発への税金
国民健康保険税	被《ひ》保険者の属する世帯の世帯主への税金

第2章　税はどうやって集めるの？

❶ みんなで決め、公平に集めよう

■税は法律で決める

税を集めるとき、守るべきルールや考え方があります。民主主義のもとでは、税についてみんなで決めなければなりません。どのようにして、いくらの税金を集めるのかは、法律によって定められています。政府が勝手に税率を上げたり下げたり、新しい税をつくったりすることはできません。**日本国憲法**にも「あらたに租税を課し、又《また》は現行の租税《そぜい》を変更《へんこう》するには、法律又は法律の定める条件によることを必要とする」（第84条）と書かれています。税金のことは国民を代表する国会で法律をつくり、決めなければなりません。これを**租税法律主義**といい、近代の税の基本ルールといってよいでしょう。国会を通して税を決めることは、税のあり方に私たちの意見や考え方を反映できるということでもあります。

■税のルールのおおもとは憲法

それでは、税に関する法律をつくるとき、どんなことを大切にしなければならないのでしょうか。そのヒントは、前述した憲法のなかにあります。憲法は、国のすべての法律のおおもとを定めたものです。日本国憲法は、みんなが人間らしく幸せな生活を送ることや、すべての人が平等であること、財産をもつことなどを保障しています。

そういった権利が守られる範囲《はんい》で、税を集めるということが基本になるのです。

❷ こんなものに、こんな税をかける

■所得に税をかける

税金を平等に集めるために、さまざまな工夫《くふう》がされています。具体的に、見ていきましょう。

税金のかけ方には、3つの方法があります。

1つめは、いろいろな活動から得られる「利益」にかける税金で

大切なこと　憲法が守ってくれる！

みんなが幸せに生きるために必要なものはなんでしょうか。

憲法には、人が人らしく生きるために守られるべきことがたくさん書かれています。政府はこの約束を守らなければなりません。ですから、すべての法律は、憲法の考えにのっとっていなければいけないのです。もちろん、税について決めるときも同じです。

■憲法第13条■　（個人の尊厳、幸福追求権の尊重）

すべての人びとは、個人として尊重されます。法律をつくったり、政策をおこなうときには、社会全体の利益をそこなわないかぎり、生きる権利、自由である権利、幸せを追いもとめる権利が、まっさきに尊重されなければなりません。

■憲法第14条■　（法の下の平等）

すべての人びとは、法のもとに平等です。政治や、経済や、社会のさまざまな分野で、人種や、信仰《しんこう》や、性別や、境遇《きょうぐう》や、家柄《いえがら》を理由に、差別してはなりません。華族《かぞく》や貴族階級はみとめません。栄誉《えいよ》賞や勲章《くんしょう》などに、特権はありません。そうした賞は、それをうける本人の一代かぎりのものです。

■憲法第25条■　（生存権、国の生存権保障義務）

すくなくともこれだけは、というレベルの、健康で文化的な生活をいとなむことは、すべての人の権利です。国は、生活のあらゆる分野に、社会としての思いやりと、安心と、すこやかさがいきわたり、それらがますます充実《じゅうじつ》するように、努力しなければなりません。

■憲法第29条■　（財産権の保障）

財産を持ったり使ったりする権利を、侵《おか》してはなりません。財産にまつわる権利は、社会全体の利益とおりあうように、法律によってさだめられます。社会全体が個人の財産を使うことがありますが、その場合は、きちんと埋《う》めあわせがなされます。

（池田香代子《いけだかよこ》ブログ「やさしいことばで日本国憲法」より）

す。これを**所得課税**といいます。私たちが生活するためにはお金が必要です。そのために、働いて給料をもらったり、家を人に貸して家賃をもらったり、銀行にお金を貸して利子をもらったりします。それらの収入から必要な費用を引いた「利益」(=もうけた分)に税をかける方法です。こうした「利益」のことを**所得**といいます。

この方法だと、所得が多い人ほど、たくさんの税がかけられ、能力に合わせた負担にしやすいという利点があります。こうした各自の能力に合わせて平等に負担することを**応能負担**といいます。

しかし、この応能負担だけにたよると、困ることも出てきます。いまの日本は、高齢《こうれい》者が増え、働いて収入を得られる人の数が減ってきています。そうすると、所得税として得られる税収も減ってしまいます。

■消費や財産に税をかける

2つめは「物を買ったり、サービスを受けたとき」にかける税金です。これを**消費課税**といいます。食品や自動車を買ったり、

映画を観《み》たり、バスに乗ったりするときに、税をかける方法です。だれもが物を買い、サービスを受けるので、確実に税を集めることができます。

しかし、消費課税では、貧乏《びんぼう》な人でも裕福《ゆうふく》な人でも、同じ消費をすると同じだけ税がかけられます。同じパンを買えば、税を負担する能力に関係なく、同じ税金をはらわなければなりません。そのため、応能負担の原則からはずれているという指摘《してき》もあります。

3つめは「もっている財産」にかける税金です。これを**資産課税**といいます。大きなビルや土地、株などは、それを活用・運用することでお金を生み出すことができます。こういった資産に税金をかけることで、税をはらう能力のある人に税を負担してもらうしくみです。

これらの税をバランスよく組み合わせ、効率よく公平な税を集めなければなりません。時代の状《じょう》況《きょう》によって、この3つの税のかけ方をよく考えることが大切です。

❸ どうかければ、公平か

■さまざまな税のかけ方

税のかけ方にもさまざまな方法があります。

・同じ額をかける方法。たとえば、みんなに10万円ずつかけるという方法です。
・同じ率をかける方法。たとえば、みんなに10％ずつかけるという方法です。

・その人のしはらい能力などによって、率を変える方法。たとえば、お金持ちには20％、そうでない人には5％かける、などという方法です。

いったいどういうかけ方なら、公平になるのでしょうか。この疑問は、長く議論されてきました。2つの考え方があります。

ひとつは、国民が国から受けるサービスへの見返りが税だという考えから、受けたサービス（受益）に応じて税を納めることが公平だという考え方です。これを「**応益負担の原則**」といいます。

もうひとつは、国民は自分たちの国を運営するために税を納める義務を負っていて、税を納めるのは、国のサービスの見返りではないという考え方です。ここから、それぞれの税をはらう能力に応じてはらうのが「公平」という考え方が生まれました。前で少し紹介《しょうかい》しましたが、これを「**応能負担の原則**」といいます。

■時代で変わる公平の考え方

18世紀、イギリスの経済学者**アダム・スミス**は、ばらばらな基準で課税するより、国から受けた受益に応じて課税するのが公平だと考えました。アダム・スミスは、著作『国富論《こくふ》』のなかで「神の見えざる手」という市場原理の論を唱えたことで知られています。

ところが19世紀後半、国民のあいだで貧富の差が広がり、失業や貧困などの社会問題が深刻になっていきました。それにともない、社会福祉《ふくし》や公的扶助《ふじょ》などの**社会保障**（62ページ）が、国の大切な役割だと考えられるようになったのです。そこから、豊かな人は、貧しい人よりも、多く税を負担するほうが「公平」だという考え方が生まれてきました。

こうして、「応能負担」の考え方にもとづく税が中心となっていきました。

いま、私たちの税金は、「応能原則」でかけられる税金と「応益原則」でかけられる税金の組み合わせでできています。応益原則の税は、地方の税金に多くあります。２つの考え方をバランスよく盛りこまなければなりません。それによって、より公平な税をつくることができるのです。

■累進税率と比例税率

それでは、実際にはどうやって応能で集めたり、応益で集めたりしているのでしょう。

たとえば、所得税は応能原則で集める税です。もっているお金（所得）が多いほど、税率も上がるしくみになっています。所得が３００万円の人には５％だけれど、１０００万円の人には３００万円を超える７００万円の部分に10％の税をかける……といったぐ

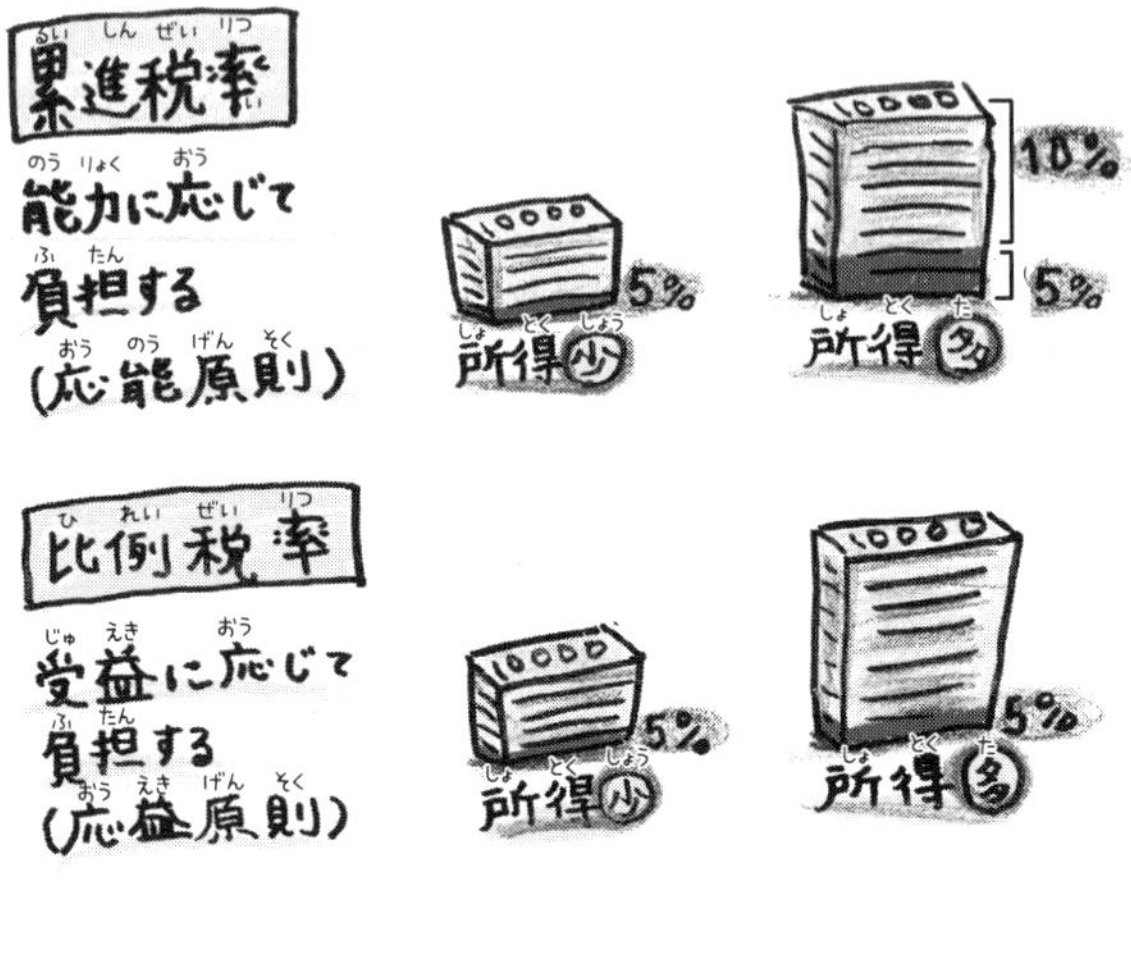

あいです。こういった税のかけ方を**累進税率**《るいしん》といいます。このほか、贈与《ぞうよ》税や相続税も累進税率で集められます。

他方、消費税や酒税などは応益原則で集められる税です。これらの税は、どんな場合でも一定の税率がかけられます。お金持ちでも貧乏な人でも、消費税の税率はみんな同じです。現在の税率は、10％ですね。こういった集め方を**比例税率**といいます。このほか、ガソリンにかけられる揮発油《きはつゆ》税も比例税率で集められます。

❹ 控除と手当で調整する

■生活スタイルはさまざま

人の生き方も、家族のかたちも、さまざまです。早く結婚《けっこん》する人、おそく結婚する人。あるいは、ずっと独身の人。子どもがたくさんいる人、いない人。健康な人、介護《かいご》が必要な人、病気で医療《いりょう》費がたくさんかかる人。おじいちゃんやおばあちゃんといっしょに暮らす人……。それぞれの考え方や経済的な条件などで、生活の仕方にもいろいろあります。どれが良いどれが悪い、などということではありません。

税の公平さを考えるときにも、こうしたさまざまな事情や**多様なライフスタイル**への配慮《はいりょ》が必要になります。

世紀の悪税　人のアタマにかける税？

《「鉄の女」がかけた人頭《じんとう》税》

イギリスでは、「鉄の女」とよばれた**マーガレット・サッチャー**首相（在任 1979 ～ 1990 年）によって、1990 年に「**人頭税**」が導入されました。人頭税とは、住民一人ひとりに頭割りでかけるという税で、次のような考え方にもとづいています。

サッチャー首相（当時）

国民は、国や自治体がおこなう教育や保健、福《ふく》祉《し》サービスによって、みな「平等」に恩恵《おんけい》を受けている。そのため、だれもが均等に税を負担することが「公正」である。

この考えの下、人頭税が導入され、18 歳以上の住民に一律およそ年間 14 万円以上の税金がかけられたのです。

しかし、あまりに庶民《しょみん》の生活からかけ離《はな》れた税だったため、多くの国民から**「弱者切り捨て」**として反感を買いました。サッチャー首相はまもなく退陣に追いこまれ、人頭税も 1993 年に廃止《はいし》されました。

《日本にもあった人頭税》

日本でも、かつて人頭税が採用されていたことがあります。沖縄《おきなわ》県の**八《や》重《え》山《やま》諸島**で、15 ～ 50 歳の男女に一律の税が課せられていたのです。税として納めるのは、特産品の布や農作物でした。

人頭税の重い負担は、たくさんの悲劇をもたらしました。人頭税の下では、家族が増えると、その分、はらわなければならない税も増えます。税を逃《のが》れるために妊婦《にんぷ》を殺してしまう、などといった話も伝わっています。

廃止されたのは、明治時代の 1903 年のことです。

たとえば、年間600万円の給料をもらっているAさんとBさんがいます。Aさんは独身で、Bさんは子ども3人と専業主婦の妻（配偶《はいぐう》者《しゃ》）がいるとします。このとき、二人を比べて同じ600万円の収入があっても、税の負担能力にちがいがあることはわかるでしょう。Bさんのほうが妻や子どもを養うために、よりたくさんの支出があるからです。Aさんは、養わなければならない家族がいないので、支出はBさんほど大きくありません。

こういった場合、たくさんの家族を養わなければならないBさんには、家族にかかる必要なお金を差し引いて、税をかけるのです。つまり、600万円という額のすべてにではなく、たとえば家族4人分にかかる費用の150万円を差し引き、450万円にだけ税がかけられます。

こういったしくみのことを**控除《こうじょ》**といい、家族を養っているBさんの控除を扶養《ふよう》控除、配偶者控除といいます。控除とは「差し引く」という意味です。

■**さまざまな控除**

このほかにも、さまざまな控除があります。「生活に最低限必要なお

金」にも、税がかけられません。この最低限必要なお金は年間48万円とされていて、所得税をかけるときには、この48万円を差し引くことになっています。これを**基礎《きそ》控除**といいます。ただし、高所得者は所得に応じて基礎控除が少なくなるしくみになっています。

また、病気のために医療費《いりょうひ》が多くかかった場合の医療費控除や、災害・盗難《とうなん》などにあった場合の雑損控除などもあります。このほか、社会保険料控除、生命保険料控除など、社会政策として設けられている控除もあります。

■手当制度の創設

ところで、控除はすべての人に適用されるわけではありません。きちんと働き、所得を得て、税金をはらっている人しか受けることができないのです。

憲法で決められた「**健康で文化的な最低限度の生活**」を維持するだけの収入も得られず、税金もはらうことができない人の場合はどうでしょう。控除では、こうした人たちの最低限の生活を守ることができません。そのため、所得控除ではなく、**手当制度**を充実《じゅうじつ》させたほうが公平だという考えもあります。「手当」とは、現金などを直接わたすことです。

このような考えにもとづいて、2010年、子どものいる世帯に対する控除（扶養控除）が一部廃止され、**児童手当**（導入時は「子ども手当」）の制度が創設されました。現在、0歳児から中学校卒業までの児童を養育している人に、定められた額が支給されています。

ここまで、税のかけ方にはいろいろな方法があることを見てきました。しかし、国境をこえてし

●いろいろな控除

所得控除の種類	対象となるケース
基礎控除《きそこうじょ》	一律48万円が控除できます（高所得者をのぞく）。
扶養《ふよう》控除（※）	生計を同じにする親族の内、年間の所得が38万円（収入が給与《きゅうよ》だけなら、年間130万円）以下の人。
配偶者《はいぐうしゃ》控除	生計を同じにする配偶者で、年間の所得が38万円（収入が給与だけなら、年間130万円）以下の人。
配偶者特別控除	生計を同じにする配偶者で、年間の所得が38万円超76万円未満の人等。
勤労学生控除	勤労している学生で年間所得が65万円以下であること（収入が給与だけなら、年収130万円以下）。
障害者控除	本人または親族に障害がある場合、その障害の程度に応じて、一定額が控除できます。
寄付金控除	国や地方公共団体に対して一定以上の寄付をした場合。政治活動に関する寄付の場合には有利。
小規模企業共済等《しょうきぼきぎょうきょうさい》掛金《かけきん》控除	小規模企業共済にしはらった掛金の全額を控除できます。
生命保険料控除	生命保険料や個人年金保険料をしはらった場合、一定額を控除することができます。
寡婦《かふ》（寡夫《かふ》）控除	配偶者と離婚《りこん》または死別した場合に控除が認められます（男性と女性では条件・控除額が異なります）。
医療費《いりょう》控除	本人または生計を同じにする配偶者（親族）の医療費をしはらった場合。
社会保険料控除	健康保険や年金などの社会保険料をしはらった場合。生計を同じにする親族の分も対象。
雑損控除	災害や盗難《とうなん》、横領等によって損失を被《こうむ》った場合には、一定額を控除することができます。

※　2012年度、年少扶養親族（～15歳）への扶養控除は廃止されました。

まうと、どんなに工夫をしても税を集めることがむずかしくなります。そんな例を、次に紹介します。

❺ 国境をわたって税から逃げる企業

■もうけているのに、税を納めない企業《きぎょう》

企業はもうけたら、その分の税金（法人税）をはらわなければなりません。ところが、いろいろな方法を使って、税をできるだけ小さくしようという企業があります。

あるイギリスのコーヒーチェーン店は、国内だけで700店舗《てんぽ》以上もあり、大きな利益をあげていました。しかし、イギリスにはほとんど税を納めていませんでした。税金の安いオランダに別の会社をつくり、そこが利益をあげたように見せかけるのです。そうすると、イギリスに納めるはずのたくさんの税金が、オランダで少しだけ納めればよいということになるのです。

このコーヒーチェーン店以外でも、多くの有名な大企業がこのような「**税逃《のが》れ**」をしています。

いま、企業は国をこえて地球全体で活動しています。このような企業を**グローバル企業**、あるいは**多国籍《たこくせき》企業**などとよびます。国ごとに法律がちがうので、当然、税金の集め方や企業にかかる負担もばらばらです。そうすると、グローバル企業はなるべく安い税金の国で税を納めようとします。それに応じて、自分の国に税を納めてもらおうと、税を極端《きょくたん》に安くする国も出てきます。こうした国・地域のことを**タックスヘイブン**（租税回避地《そぜいかいひち》）といいます。

よく知られているのは、カリブ海にうかぶケイマン諸島です。人口5万5000人ほどの小さな島で、イギリスの領土ですが、ここでは企業にかかられる税金がありません。それを利用して、何千というグローバル企業が書類上にしか存在しない会社（**ペーパーカンパニー**）をケイマン諸島に置き、その会社に利益を移すことで、「税逃れ」をしているのです。

■一国課税主義の限界

グローバル企業は、インターネット空間でも国境をこえて活動しています。

みなさんはGAFA（ガーファ）という言葉を耳にしたことがありませんか。グーグル、アマゾン、フェイスブック、アップルという巨大ネット企業のことです。こうしたネット企業の多くは、モノではなく情報や知的財産など形のないものを生み出し、広く流通させ、広告費などを得ることで、巨《きょ》額《がく》の利益を得ています。サービスの提供先は世界じゅうです。そのため、どの国にどう税金を納めるのが適切か、そもそもきちんと税を納めているのか、といったことが問題に

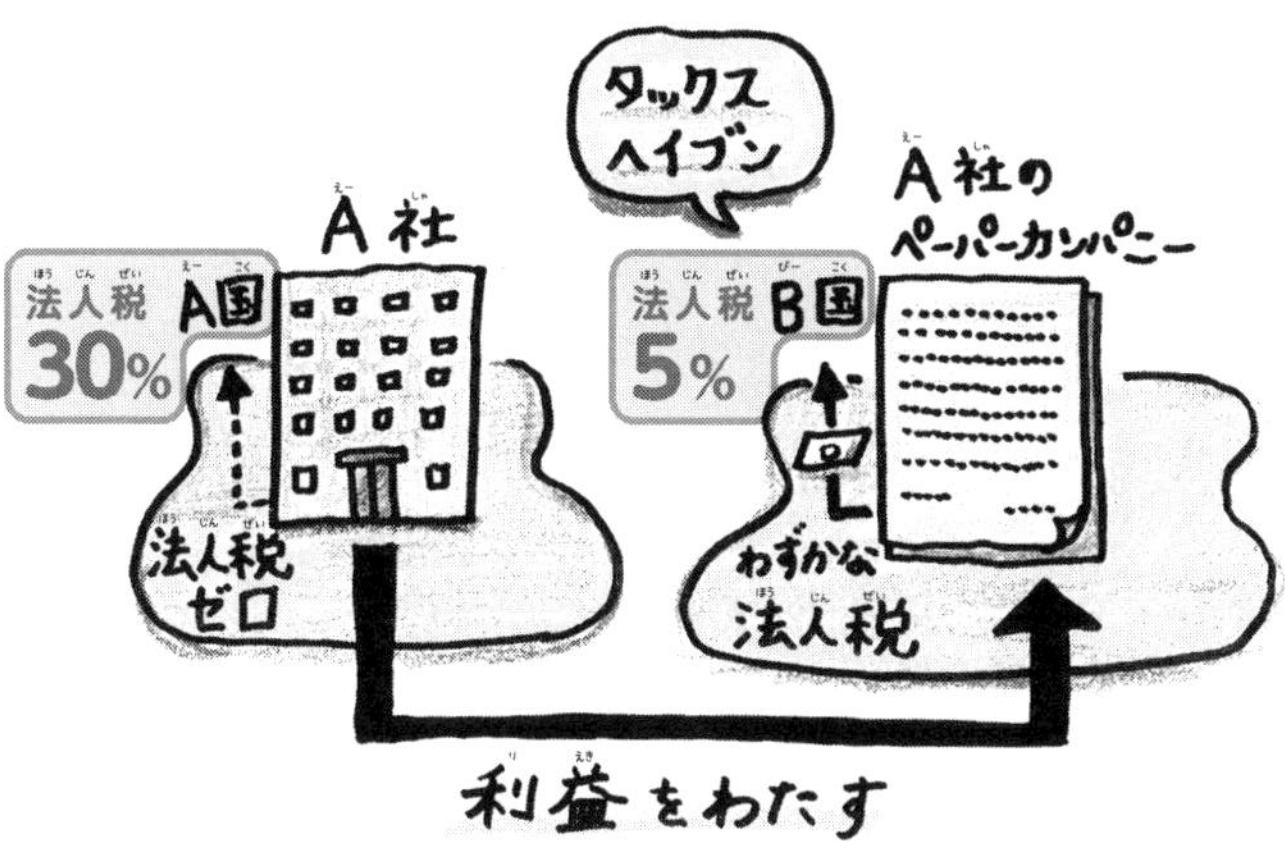

なっています。

これまでの税制度は、**一国課税主義を原則**としてきました。企業の本社がある国が税金を徴収《ちょうしゅう》する権利があり、ほかの国は介入できないという原則です。

しかし、グローバル化が加速するなか、この原則が限界にきていることは否《いな》めません。国際的な機関をつくり、こうしたグローバル企業から一括《いっかつ》して税を徴収して各国に配分するといったしくみが必要という声もあります。

資本主義の社会において、企業が多くの利益を上げたいというのは当然のことです。他方、企業には、人々の雇用《こよう》の場となり、税をはらい、社会に貢献《こうけん》するという役目があります。極端な「税逃れ」を社会が認めたら、どうなるでしょう。

法人税が集められなくなると、税金を負担するのは、国境をこえることができないフツーの人たちということになります。フツーの人たちが納めた税金でつくられた公共インフラや行政サービスを、企業がタダで使っているということは、とても不公平なことです。

それだけではありません。国の税収が減り、財政赤字で国が成り立たなくなるおそれもあります。

私たちは民主主義のもとで、「だれがどう税金を負担するのか」ということを決めています。企業がそれを守らず逃げてしまうということは、**民主主義の危機**ともいえるでしょう。

第3章　税の使い方はどう決めていくの？

❶ 税の使い方が決まるまで

■予算が決まるまでの流れ

税の使い方は、国や自治体によって決められます。具体的にどんなふうに決められていくのでしょうか。税の使い方のことを**予算**といいます。税は国で使われるものと、みなさんの住む自治体で使われるものがあります。ここでは、国の予算を見ていきましょう。

日本の国の予算は、1年ごとに決められます。4月から翌年《よくねん》3月までの1年間が会計年度になっています。まず、7月ごろから、次年度にはどれくらいの税が必要か、それぞれの省庁が必要な金額を計算します。これを**概算要求**《がいさん》といいます。それを財務省が各省庁と調整し、まとめたうえで、内閣に提出します。この財務省原案をもとに、12月に内閣が**予算案**を作成します。

予算案は、1月から開かれる国会（通常国会）で議論され、国民が望む使い方になっているかどうか、チェックされます。国会には国民の直接選挙で選ばれた議員が集まっているので、この議員たちが私たちの声を代弁《だいべん》して話し合うのです。

こうした議論をへて、予算は修正をくわえられながら、最終的には国会での採決によって成立します。この過程については、あとでも少し説明します。

■予算が通らない場合

与党《よとう》と野党が対立して、予算がなかなか決まらないことがあります。3月末までに予算が成立しないと、税が使えなくなります。そうすると、新しい事業や予定されていた事業をすすめられません。

そういう場合には、仮の予算を決めて、支出していきます。この仮の予算を**暫定《ざんてい》予算**といいます。

ところが、与党と野党のどちらもが一歩も譲《ゆず》らず、成立が間に合わなくなることがあります。近年では、2018年のアメリカがそうでした。合衆国政府の予算をめぐって、民主党と共和党が折り合わず、政府機関の一部が業務停止になったのです。そのため、ニューヨークの「自由の女神」が閉鎖《へいさ》されました。政府が管理・運営しているためで、毎日およそ1万人が訪れる観光名所も閉鎖をよぎなくされたのです。

❷ 予算は国会で議員がチェックする

■国会と内閣

日本の政治は、国会と内閣が大きな役割を担っています。

国会は「**唯一《ゆいいつ》の立法機関**」であり、「**国権の最高機関**」でもあります。国会には、選挙で選ばれた議員が参加します。「予算は国民が決める」という原理にもとづいて、予算も最終的には国会で決めなければなりません。国会には衆議院と参議院という2つの議院があります。予算の決定や法律の制定などについては、衆議院の採決が優先されます。

内閣は国会議員のなかから多数決で決められた総理大臣と、総理大臣が選んだ各省の大臣で構成されます。通常は、多数の国会議員がいる政党（与党《よとう》）が内閣を組織します。厳密にはちがう点もありますが、しばしば政府と同じ意味で使われます。

では、**内閣**はどのようなはたらきをするのでしょう。内閣は行政機関です。つまり、どういう政治をおこなっていくのかを決めるのが、内閣の仕事です。税をどう使うかという予算案を考えるのも、内閣です。

国会では、内閣がつくったこの予算案をもとに審議《しんぎ》がおこなわれます。予算だけではなく、法律や外国との条約の承認などもすべて、最終的には国会で決めなければいけません。

■委員会の役割

国会にはたくさんの議員がいます。現在の衆議院の定数は465人、参議院の定数は248人です。こんなに多くの議員が一堂に会して話し合うと、時間がかかってしまいます。そこで、本会議とは別に委員会をつくり、まず少人数の議員で話し合います。委員会には、各政党から選ばれた委員が出席し、予算について疑問点や問題点を質問したり、ただしたりしていきます。それに、大臣や閣僚《かくりょう》が答えていくことで、議論を深めていくのです。

予算のことを議論する**予算委員会**は、特別に大事な位置づけがされています。ほかの委員会と比べて議員の数も多く、関連する大臣の出席なども義務づけられています。

さらに公聴会《こうちょうかい》という会合も開かなければなりません。予算にかかわる事業などにくわしい関係者・専門家から意見を聴《き》くのです。「この予算で問題ない」と決まれば、次に国会の本会議で話し合うことになります。

本会議では、予算について担当の大臣が演説をします。それに対する質問（質疑）を各政党の代表がおこない、最後に賛成・反対の両方の立場から討論をすすめていきます。それらをふまえて、多数決によって採否が決まります。委員会から本会議へという流れで、両議院で議論をつくしていくのです。

■とても大事な選挙

議員はみんな、国民の選挙によって選ばれます。衆議院議員は4年に一度の総選挙で選ばれますが、途中《とちゅう》で解散することもあります。参議院議員は6年に一度の選挙で選ばれますが、半数ずつ分けて選挙をするので、原則として選挙は3年に一度おこなわれます。

選挙の方法もいろいろです。

国会議員の選挙では、政党へ投票して、政党が得た票に応じて当選人数を決めていく方法（**比例区制**）と、決められた選挙区のなかで候補者を一人選んで投票し、得票の多い候補者から当選する方法（**小選挙区制**）という2つの制度が併用《へいよう》されています。

残念なことに、日本では政局を左右するような大事な選挙でも投票に行く人が少なく、2019年の参議院選挙では有権者の半分以下（投票率48・8％）しか投票していません。2018年に、それまで20歳《さい》以上だった選挙権年齢《ねんれい》が18歳以上に引き下げられましたが、18歳の投票率は約35％、19歳の投票率は約28％というきわめて低い数字でした。

選挙は民主主義を支える根幹です。みなさんもかならず選挙に行ってくださいね。

❸ ほかにもある、税の見張り番

■会計審査員のチェック

税をチェックするために、国のレベルでも市民のレベルでも、いろいろな取り組みがおこなわれています。まず、国のレベルのチェックを見ていきましょう。

重要な役割をはたすのが、**会計検査院**です。

会計検査院とは、国家が集めたお金をむだなく効率よく適切に使われているかを調べ、問題点があれば改善や是正《ぜせい》をうながすという機関です。国の機関ですが、国会や内閣、裁判所から独立しており、政府の指図《さしず》を受けることはありません。

検査する対象は、国のすべての会計、国が出資している政府関係機関や独立行政法人です。また、国が補助金や貸付金として財政援助《えんじょ》をしている自治体なども対象になります。日本国憲法第90条に、「国の収入支出の決算は、すべて毎年会計検査院が検査し、内閣は、次の年度に、その検査報告とともに、これを国会に提出しなければならない」と定められています。

■私たちも「税の見張り番」

税金の使い方に納得《なっとく》がいかない場合、国民が国や地方自治体を相手に裁判を起こすこともあります。ただし、国の税金については、直接裁判で争うことはできません。そのため、多くの国民がいろいろな工夫《くふう》をして訴《うった》えてきました。

たとえば、「憲法が認めていない軍事行動のために税を使うのはおかしい。その分の納税義務はないはずだ」と訴えたこともありました。裁判所から訴えは退けられましたが、訴訟《そしょう》を起こすことによって、社会に問題提起することができます。

市民（地方）のレベルでは、**地方自治法**という法律で、住民が予算を監査《かんさ》する制度が認められています。住民は、自分が住む地方自治体で法律に違反《いはん》するとか、正しくない予算の使われ方があると思った場合、地方自治体の監査委員に対して監査を求め、必要な措置《そち》をとってほしいと請求《せいきゅう》することができるのです。これを**住民監査請求**といいます。

また、裁判（住民訴訟）で争うこともできます。これまで、次のようなケースで、市民が訴訟を起こしたことがあります。

・県の役所の人たちが、中央官僚《かんりょう》の接待をしたふりをして、身内の飲食に税金を使っていた。
・出張や視察旅行で、高級なホテルやレストランに行き、決められた以上に税金を使っていた。
・役所と親しい企業《きぎょう》が談合などによる不正な入札をし、その結果、高い値段で公共事業がおこなわれた。

違憲の判決　鳥居を建てちゃダメ！

《政教分離《ぶんり》とは？》

日本国憲法は、政治と宗教の関係についても定めています。

第 20 条の第 1 項《こう》に「信教の自由は、何人に対してもこれを保障する」とあります。だれが、どんな宗教を信仰《しんこう》しても自由であるという考えで、「**信教の自由**」といいます。また、これにつづいて「いかなる宗教団体も、国から特権を受け、又《また》は政治上の権力を行使してはならない」とあり、第 3 項には「国及《およ》びその機関は、宗教教育その他いかなる宗教的活動もしてはならない」とあります。政治と宗教は別々のものでなければならないという考えで、これを**政教分離**といいます。

つまり、税金が特定の宗教に使われるのは「**違憲《いけん》**」である（日本国憲法に違反している）ということになるのです。

《鳥居《とりい》をめぐる砂川《すながわ》政教分離訴訟《そしょう》》

2010 年、北海道の砂川市で、「政教分離」を問う裁判がおこなわれました。訴《うった》えたのは市民です。

訴訟の中身は、砂川市が無料で貸した土地に、**神社の鳥居**が建てられたことに関してでした。市の土地に鳥居があるのは、「政教分離」に反しているという訴えで、市民は鳥居の撤去《てっきょ》などを求めたのです。

写真：毎日新聞社／アフロ

さまざまな議論がまき起こり、第三審《しん》まで争われましたが、最終審の最高裁判所は「**憲法の定める政教分離原則に違反する行為《こうい》**」という違憲判決を出しました。

こうした不正を見逃《みのが》すことはできません。私たち一人ひとりが「**税の見張り番**」なのです。

❹ 復興予算のゆくえの不思議

■被災地《ひさいち》復興のために

2011年3月11日に起こった東日本大震災《だいしんさい》。その復興のために、同年5月に復興基本法という法律がつくられ、復興に向けた税金の使い方の基本方針が定められました。また、その財源に**復興特別税**として所得税、住民税、法人税の増税が決められました。その増税額は10・5兆円にも上ります。しかし、実際にはこの復興税の多くが、被災地に直接使われていなかったとして、たくさんの批判が集まりました。使われたのは、次のような費用です。

・韓国《かんこく》でおこなわれた麗水《れいすい》(ヨス)世界博覧会の出展費用
・東京・霞ケ関《かすみがせき》の庁舎の改修費用
・北海道や沖縄《おきなわ》などの道路建設
・シーシェパード（反捕鯨《ほげい》団体）の対策費
・国会議事堂の照明のLED《エルイーディー》化
・被災地以外での求職者支援《しえん》制度

「なぜ、こんな使われ方になっちゃったの?!」と思いますよね。

復興のために使う予算と聞けば、大震災の被害を直接受けた庁舎を直したり、壊《こわ》れた家を建て直したり、被災者にお金を貸したりするなど、被災地のために使われると思います。しかし、実際には多くの関係のないところで使われていました。なぜ、このようなことが起こったのでしょうか。

復興予算の使い方は、「復興基本法」や復興のあり方を決めた「復興基本方針」にもとづいて決められます。しかし、この基本法や方針は、使う場所を被災地に限定していませんでした。その結果、「復興」「防災」「減災」の名がつけば、どんな使い方でもできるようになっていたのです。

■人任せにしない

いま、日本の財政は厳しく、各省でほしい予算がもらいづらくなっています。そんな状況《じょうきょう》のなか、復興予算という新しい予算ができたのです。「この機会を逃《のが》しては」とばかり、それぞれの省が足りないお金をとり合おうとしました。

その結果、たくさんの予算が復興と関係ない事業に使われてしまったのです。予算をチェックするはずの会計検査院も国会も、残念ながらこれを見ぬくことができませんでした。復興予算の流用の問題は、テレビや新聞などの報道であきらかになりました。

報道を見た人々からたくさんの怒《いか》りの声がよせられ、ようやく国会でも取り上げられるようになったのです。そして、予算を一部使えなくするなどといった処置が講じられました予算の集め方、使い方を決めるのは、政治家ではありません。私たち国民なのです。だれか任せにするのではなく、私たち一人ひとりが関心をもち、問題だと思ったことに声をあげ、たくさんの人に知らせていくことが大切なのです。

第2部

税の種類と、さまざまな使い道

今日はお父さんが早く帰ってきた。
いっしょにテレビでニュースを見ていると、
「この事件はひどい！」
といって、お父さんは突然《とつぜん》声をあらげた。

知事が海外に出張したときに、
1泊《ぱく》20万円もするスイートルームにとまったり、
仕事とは関係のない家族も連れていったり、
飛行機で「ファーストクラス」という
値段の高い席を使っていたらしい。

でも、それってなにがいけないの？

「こういう費用はすべて
みんながはらっている税金から
出されているんだよ。

知事だからって、
みんなの税金を自分のぜいたくのために使うなんて、
ぜったいダメなことなんだ」

そうなんだ！
そりゃ、ぼくだって腹がたつよ。

それから、お父さんは
〈給与明細《きゅうよめいさい》〉という紙を出してきた。
「父さんはこんなにたくさん
税金をはらってるんだから！」と。

すると、お母さんがぼやいた。
「禁煙《きんえん》すればいいのに。
そしたら、
たばこ税ははらわずにすむのに～」

第1章　どんな種類の税があるの？

❶ さまざまな税の分類

■国税と地方税

税にはさまざまな種類があり、法律によっていくつかの点で分類されています。

一つは、どこが集めるか、です。

聞きなれない言葉ですが、税を集める側を**課税主体**といいます。個人のだれかやどこかの企業《きぎょう》が勝手に集めることはありません。日本の課税主体は、国と地方公共団体です。このうち、国が集める税を**国税**といいます。政府がおこなう活動の財源になる税で、みなさんの家計が納める所得税、企業が納める法人税、遺産《いさん》を相続するときに納める相続税などがあります。一つひとつの税の中身はあとで説明しますね。

国税に対し、地方公共団体が集める税を**地方税**といいます。都道府県や市町村など地方公共団体がすすめる活動の財源になる税で、土地・建物にかかる固定資産税やゴルフ場を使うときにかかるゴルフ場利用税などがあります。なお、地方公共団体は自治体ともいいます。

■**直接税と間接税**

もう一つは、納税者と担税者が同じかどうか、です。

納税者とは税金を納める人のことで、担税者とは実際に税金を負担する人のことです。この納税者と担税者が同じ税を**直接税**といい、異なる税を**間接税**といいます。

少しわかりにくいので、みなさんになじみがある消費税を例に説明しましょう。消費税は商品やサービスを買うときにかかる税で、間接税に分類されます。

たとえば、みなさんが150円のノートを買うと、10％の消費税15円がかかります。このとき、みなさんは15円の税金をはらったことになります。でも、お店に税金をわたしていて、国や自治体には納めていません。お店が15円分を預かり、年に一度、間接的にまとめて税務署に納めているのです。税務署は全国に524か所あります。

このように、納税者（みなさん）と担税者（お店）が一致《いっち》しない税が間接税です。

●**おもな税金**

直接税	所得税　法人税 相続税　贈与《ぞうよ》税	**国　税**
	住民税（道府県民税） 事業税　自動車税	**地方税** （都道府県税）
	住民税（市町村民税） 固定資産税　都市計画税	**地方税** （市町村税）
間接税	消費税　酒税　たばこ税 揮発油《きはつゆ》税　関税　出国税	**国　税**
	地方消費税　ゴルフ場利用税 道府県たばこ税	**地方税** （都道府県税）
	入湯《にゅうとう》税　市町村たばこ税	**地方税** （市町村税）

※　東京都（特別区）は、独自に課税しているものもある。

いっぽう、所得税や法人税などは、お店などを通さず、みなさんのご両親、あるいはご両親の勤め先の会社が直接納めています。このような、納税者と担税者が一致している税が直接税です。

■消費税とはどんな税？

消費税については、次の第3部でくわしく説明しますが、概略《がいりゃく》だけ紹介《しょうかい》しておきましょう。

消費税は1989（平成元）年に導入されました。当初、税率は3％でしたが、1997年に5％に、2014年に8％に引き上げられ、2019年にはついに2桁《けた》の10％になりました。

消費税は1％上げるだけで、国の税収全体が3％も増えるという、国にとってありがたい財源です。このため、「打ち出の小づち」などともいわれます。ただ、お年よりから子どもまで、貧富の差も関係なく、同じ負担がかかるので、税率の引き上げ時にはいつも強い反対意見が出ます。消費税は負担能力にかかわらず、だれにでも同じ税率の税がかけられる応益負担の税です。年収1000万円の人が買う食料品も、年収200万円の人が買う食料品も、同じ消費税がかかるわけです。これでは「公平さを欠く」という意見が出たため、10％に引き上げられたとき、食料品などは8％に据《す》え置く軽減税率が採用されました。

また、消費税は景気を悪くするという懸念《けねん》もあります。

❷ 働く人が納める所得税

■所得税とはどんな税?

ここでは、一つひとつの税の中身を見ていきましょう。

最初に紹介《しょうかい》するのは、**所得税**です。所得税は税収のなかで、いちばん大きな割合を占《し》めている税です。どのような税でしょうか。

私たちが生活するためには、お金を得なければなりません。会社に勤めて給料をもらったり、銀行にお金を預けて利子を得たりします。このようにして入ってくるお金（収入）から必要な費用を引いた分を**所得**といいます。この所得に応じてかける税が所得税です。

会社に勤めていれば、毎月給料をもらってきます。その月の給料の内訳を書いた給与明細《きゅうよめいさい》という用紙もいっしょにもらいます。その「所得税」という項目に差し引かれている金額が記されているでしょう。

このように、所得税は多くの場合、会社が給料をはらうときに自動的に差し引いて、会社から税務署に直接納めるしく

給料明細《きゅうりょうめいさい》

平成○年○月
株式会社○○

支出項目《ししゅつこうもく》

基本給《きほんきゅう》	職能給《しょくのうきゅう》	住宅手当《じゅうたくてあて》
150,000	3,000	20,000
時間外手当《じかんがいてあて》	特別手当《とくべつてあて》	通勤手当《つうきんてあて》
22,000	14,000	8,000

総支給額《そうしきゅうがく》
217,000

控除項目《こうじょこうもく》

健康保険《けんこうほけん》	厚生年金《こうせいねんきん》	雇用保険《こようほけん》
7,000	20,000	1,000
所得税《しょとくぜい》	住民税《じゅうみんぜい》	財形貯蓄《ざいけいちょちく》
7,000	6,000	5,000

差引支給額《さしひきしきゅうがく》
171,000

総支給額《そうしきゅうがく》 - 各種控除《かくしゅこうじょ》 - 貯蓄《ちょちく》など＝差引支給額《さしひきしきゅうがく》（手取《てど》り金額《きんがく》）

みになっているのです。また、お店を営んだり、個人で仕事をしたりしている自営業の場合は、自分で税額を計算して申告をします。これを**確定申告**といいます。また、前述したとおり、所得税は直接税に分類されます。

■所得税の負担は?

所得税は、いくらかけられるのでしょうか。

それは、所得と負担能力によって変わります。所得が多く、税金をはらう能力のある人には、税率を高くかけます。所得の少ない人には、低くかけます。このような税のかけ方を、**累進課税**《るいしんかぜい》といいます。

また、所得税には**控除**《こうじょ》のしくみ(27ページ)が取り入れられています。税を納める人の家族構成などによって、税金をかける額を変えるというしくみです。こうすることで、税を負担する能力によって税をかけられるようにしているのです。

サラリーマンの所得税は、会社が計算して直接税務署に納めてくれます。これを**源泉徴収**《げんせんちょうしゅう》といいます。個人で納める必要がありません。税金をはらい忘れたり、しはらいを渋《しぶ》ったりすることができないので、税務署としては集めやすい税です。いっぽう、しはらう側としては、給料をもらう前に勝手に税金が引かれてしまうため、税をはらっているという意識が欠けてしまいます。そうすると、納税者としての自覚もうすまり、主権者として税の使い方や集め方に関心をもちづらくなります。

かつて所得税は高所得者には70％もかけられていましたが、最近は40％程度にとどまっています。これにくわえ、近年は人口減少や不況《ふきょう》の影響《えいきょう》もあり、所得税の税収は伸《の》びなやんでいます。

❸ 会社が納める法人税

■法人税とはどんな税？

私たちのまわりにはたくさんの会社（企業《きぎょう》）があります。

税の用語では、人と同じように権利と義務をもつ組織体という位置づけから、協同組合や私立学校などとまとめて、**法人**とよんでいます。この法人も私たちと同じように、道路や港湾、水道などの公共インフラを使っています。会社や団体がこうしたインフレを使って社会のなかで活動する限りは、人と同じようにきちんと税金を納めなければなりません。法人にも**納税の義務**があるのです。

法人税は、法人すなわち会社がもうけた利益に対してかける税のことです。

会社が納める税には、法人住民税や法人事業税などもあります。法人住民税は会社の事業所がある市町村に、法人事業税は会社の事業所がある都道府県にそれぞれ納める税です。

法人税の税率はさまざまに区分されていますが、基本的には23・2％です（２０１９年）。つまり、会社の所得（利益のことで、複雑な計算で決められる）が１０００万円の場合、法人税は２３２万円納めることになります。現在、法人税による国の税収は、約12兆３０００億円にのぼります（２０１８

年度決算)。所得税、消費税についで3番目の多さです。

しかし、法人税の税率は段階的に下げられており、また景気の低迷で会社の利益自体が少ないこともあって、法人税の税収は伸《の》びなやんでいます。

■法人税を納めている会社は半数以下

ところで、法人税はすべての会社が納めているのでしょうか。

法人税は会社の利益にかけられるので、赤字の会社には課税されません。さらに実際には黒字でも、過去の赤字の穴《あな》うめに利益を使っている企業もあります。こうしたことから、全国の企業の7割近くが法人税をはらっていません。

グローバル化がすすむなか、多くの日本企業が海外に進出しています。その多くは製品を売るために、現地のライバル企業と激しい競争を強《し》いられています。日本にも多くの外国企業が進出しています。近年はアジアや新興国の企業の進出がいちじるしいですね。みなさんも、洋服などの日用品のほとんどが外国産になっていること、家電製品にも韓国《かんこく》製や中国製のものが増えていることなどに気がついているでしょう。

前述したように、平成時代以降、日本の法人税率はずっと下げられてきました。これは、外国企業との競争に不利にならないよう、国内企業を保護する目的だと言われています。いっぽうで、税収不足を補うため、社会保障の削減《さくげん》や消費税の増税がおこなわれています。こうしたことから、人よりも企業を優遇《ゆうぐう》しすぎているという批判も出ています。

❹ 財産をもらうときにかかる相続税

■相続税とはどんな税?

人が亡くなると、その人の財産が家族や近親者に引き継がれます。金額によっては、引き継ぐ人にとって大きな利益になります。そこで、相続する額がとくに多い人には税がかけられます。これが**相続税**です。

高額な財産の相続の場合に限って課税されるのは、富の集中をやわらげるためです。実際に相続税がかかるのは、2015年の税制改正で対象が拡大したとはいえ、相続の件数全体の8%ほどにすぎません。

相続税の課税額は、場面によって変わってきます。

たとえば、亡くなった人が残した財産が2億円あったとします。遺族《いぞく》の3人が1億円、7000万円、3000万円でそれぞれ相続したとしましょう。この場合、相続財産2億円に課税したほうがよいのでしょうか、それとも取得した額、つまり1億円と7000万円と3000万円にそれぞれ課税したほうがよいのでしょうか。

かつて日本の相続税は、基本的に取得した額に課税する方式でした。そうすると、平等に遺産を分割すればするほど、税負担の合計が少なくなる(低い金額の税率が適用されるため)というメリットがあります。しかし、だれか一人が相続しなければならない場合（農地の維持のためなど）には重い負担になってしまいます。

そこで、いまの相続税は、残された相続財産の額も含みながら計算するという複雑なものになっています。同じ３０００万円を相続した場合でも、この例の場合は相続税がかかりますが、相続財産が少ない場合には、税負担が生じないケースも出てくるのです。

■相続税のこれから

現在、相続税によって、毎年２・３兆円ほどの税収があります。これをもっと増やし、年金など高齢者福祉の財源にするべきだという意見があります。

先ほども説明したように、相続税の対象は拡大したとはいえ、まだ全体の８％程度にすぎません。対象をさらに広げ、うすく税を集めようという考えです。また、高齢《こうれい》化の進行にともない、相続する側も受ける側もどちらも高齢者という「**老老相続**」が増えています。認知症《にんちしょう》が相続の大きな壁《かべ》になっている事例も聞かれるようになりました。

今後ますます、こうした相続が増えてくることを前提に、どういう税にするべきなのかを考えなければなりません。現在、40年ぶりという相続税の大改正がすすめられています。「老老相続」を視野に入れた改正で、遺言書の作成や手続きなども簡略化されました。

ちなみに、生きているうちに財産を子どもや家族にわたす場合には、贈与税《ぞうよ》という税がかけられます。

■マルサが眼《め》を光らせている

納税は**国民の義務**で、不正によって税を逃れようとしたり、ごまかしたりすることは犯罪です。日本国憲法第30条にも、「国民は、法律の定めるところにより、納税の義務を負う」ときちんと定められています。

相続税も、所得税や法人税も、納税者からの申告で成り立っています（給与所得者をのぞく）。申告に誤りがある**申告漏《も》れ**もありますが、意図的に納税をまぬかれようとしたり、納税額を減らしたりする**脱税**もあとを絶ちません。これも違法な行為です。

こうした税の不正を調査するのが、**国税局**とその管轄《かんかつ》機関です。国税局査察部は通称「**マルサ**」とよばれます。マルサは、利益を得ているわりに申告が少ない、例年の納税額より極端《きょくたん》に少ないなどといった不審《ふしん》な点に目をつけます。会社の帳簿《ちょうぼ》を調べたり、取り引き状況《じょうきょう》をつかむため銀行を調査したりすることもあります。税のごまかしは許されません。

❺ 地方公共団体がかける地方税

■地方税とはどんな税?

これまで、国に納める税を見てきました。国税に対し、私たちが暮らす自治体（都道府県や市町村）

に納める税もあります。これが**地方税**です。

下のグラフはある市の収入（歳入《さいにゅう》）を示しています。約33％が地方税の市税による収入で、約30％が国や都道府県からの交付金や支出金からの収入になっていますね。

市税の内訳では、個人や法人にかかる住民税がもっとも多く、次に多いのが固定資産税です。

住民税は、基本的にその自治体に住んでいる住民がはらいます。自治体がおこなうゴミ収集・図書館の利用・各種証明書の交付などのサービスを受けているからです。

サラリーマンは、所得税と同じように、給料から差し引かれて集められます。税率は自治体によってさまざま。個人だけではなく、法人（会社）にもかけられます。

■さまざまな地方税

私たちが住む家や駐車場《ちゅうしゃじょう》などにかけられる税が、**固定資産税**です。年に一度、市町村によって集められます。税額は、自治体が決めた価値を基準にして決められます。土地や家屋などの価値を決める調査は、3年ごとにおこなわれます。ただ、

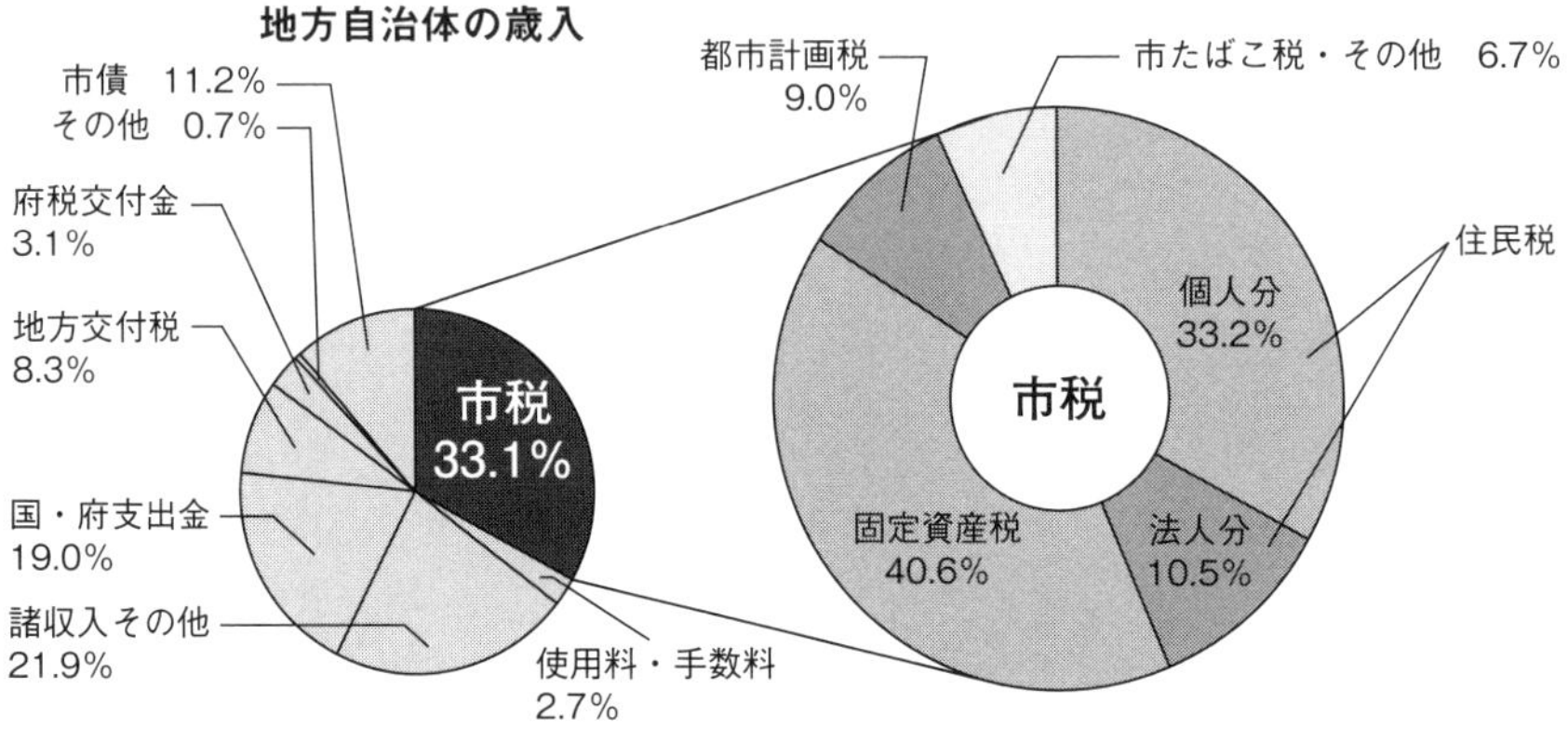

税のしくみが複雑で、一度にたくさんの土地を調べるため、とてもミスが多いことが問題になっています。

会社や個人がおこなう事業にかけられる税が、**事業税**です。都道府県が会社や事業主から集めます。個人の事業には、お店の経営のほか、医師や税理士、美容師、ネイリストなどの仕事もふくまれます。こうした事業をおこなうには、自治体のさまざまなサービスを受けなければなりません。その見返りとして、課せられるというわけです。なお、一定以上の規模《きぼ》の大企業には、利益への課税以外に、その会社がもつ資本（財産）などにも課税されるようになっています。これを外形標準課税といいます。

市町村がすすめる大がかりな事業のために集める目的税が、**都市計画税**です。街は時代によって、住む人が変わったり産業が変わったりします。時代の変化に合わせて公共の設備も見直さなければなりません。自治体は「都市計画」を策定し、新たに公園をつくったり、道路や上下水道などを整備し直したりしています。その財源に、都市計画税があてられます。都市計画税は通常、固定資産税といっしょに集められていることから関心が向けられず、多くの住民もあまり理解できていないようです。また、議会もその使い方をきちんとチェックしているとはいいがたい状況《じょうきょう》です。

地方自治体が独自の税をつくることもできます。ただし、**租税《そぜい》法律主義**（18ページ）を逸脱《いつだつ》することはできません。地方税法の範囲《はんい》内で、議会が**条例**という決まりを制定することが条件です。

❻ ほかにもあるさまざまな税

■酒税とたばこ税

ビールや日本酒、ワインなどにかけられる税が**酒税**です。

原料や製造方法などによって税額は変わり、高級なお酒には高く、一般によく飲まれるお酒には安く、という考え方が適用されています。しかし、この考えも時代に合わなくなってきています。現在（２０２０年）は原料や製造方法がビールとはちがう発泡《はっぽう》酒は低い税率で、ビールより安い値段で販売《はんばい》されていますが、いずれはビールとおなじ税率に統一されそうです。

たばこにかかる税が、その名のとおり**たばこ税**です。たばこはもともと国だけが販売できる専売品でしたが、１９４９年に日本専売公社に引き継がれ、そのときにたばこ消費税が導入されました。

その後、平成元年の消費税導入の際、現在の名称《めいしょう》に変わりました。じつは、１本のたばこには、国たばこ税、地方たばこ税、たばこ特別税、消費税という４つの税がかけられています。税率もどんどん上げられ、それにともない値段も上昇《じょうしょう》しつづけていま

す。しかし、ほかの先進国と比べると、日本のたばこの値段は安く、税率も高いほうではありません。たばこはさまざまな病気を引き起こします。喫煙者《きつえんしゃ》にはつらい状況《じょうきょう》ですが、たばこによる健康被害《ひがい》をおさえるために、たばこ税を高くしようという動きは、世界の潮流になっています。

■自動車関係税と流通税

自動車に関連する税もたくさんあります。

自動車を利用するためには、信号機や道路、トンネルなど、さまざまな機器・施設《しせつ》などの社会整備が必要です。そのため、自動車にはたくさんの税がかけられているのです。まず、自動車を購入《こうにゅう》すると、**自動車取得税**がかかります。自動車を所有しつづけると、毎年、**自動車税**を納めなければなりません。税額は自動車の排気《はいき》量によって変動します。さらに燃料のガソリンにも、**揮発油税**《きはつゆ》という税金がかけられています。そのいっぽう、環境《かんきょう》に優しいエコカーに対して減税措置《そち》がとられるなど、近年は環境を視野に入れた税の優遇《ゆうぐう》策が増えています。

自動車以上に大きな資産（お金）が動くのが、土地や建物、株券などの取り引きです。取り引きは、書面でおこなわれます。そういった書類の管理や手続きにかかる税金を、まとめて**流通税**といいます。具体的には、印紙税、登録免許《とうろくめんきょ》税、有価証券《ゆうかしょうけん》取引税などです。

第2章　集めた税はどう使われるの？

❶ いのちと健康を守る――社会保障

■社会保障とは？

私たちは生まれてから死ぬまで、人間らしく健康に暮らせるように、国や自治体からさまざまなサービスを受けています。病気になっても無理のない費用で医者にかかることができ、年齢《ねんれい》を重ねても年金をもらったり必要な介護《かいご》を受けたりすることができるのです。また、病気などの理由で収入がない人には、生活保護費というお金が支給されます。

こういった私たちの健康や生活を支えるサービスのことを、**社会保障**とよびます。日本の社会保障制度は、**日本国憲法第25条**のもとにすすめられています。25条には、「1．すべて国民は、健康で文化的な最低限度の生活を営む権利を有する。2．国は、すべての生活部面について、社会福祉《ふくし》、社会保障及《およ》び公衆衛生の向上及び増進に努めなければならない」という規定です。1の権利を**生存権**といいます。そして、2の内容は、公的扶助《ふじょ》と社会保険を示しています。

日本の社会保障制度は、この憲法の規定にもとづき、社会保険、公的扶助、社会福祉、公衆衛生の４つを柱にしています。
一つひとつ見ていきましょう。
社会保険は、医療《いりょう》・年金・介護などのための保険制度です。病気になったときの健康保険、高齢になったときのための年金保険、介護が必要になったときの介護保険などがあります。
公的扶助は、働くことが困難な人、生活に困っている人を支えるしくみです。**生活保護法**にもとづいて、生活費や教育費などを支給します。
社会福祉は、障がい者や高齢者など、生活にサポートが必要な人を支えるしくみです。親のいない子どもたちの支援もおこなっています。
公衆衛生は、環境衛生の改善や感染症《しょう》の予防など、人々が健康で安全な暮らしを送るためのしくみです。みなさんが受ける予防接種（予防注射）も公衆衛生にもとづくものです。
これらにかかる費用も、すべて私たちの税金が支えています。
社会保障のうち、医療・年金・介護は「医療保険料」「社会保険料」「介護保険料」といった保険料と税金でまかなわれています。いま日本では、65歳《さい》以上の高齢者が人口の３割近くを

占めています。同時に、医療・年金・介護のサービスを受ける人も増えています。それにともなって、日本の社会保障費も増えつづけています。いっぽう、保険料による収入は横ばいのままなので、税金で補わなければならない領域が増えているのです。

■これからの社会保障

だれもが健康に長生きできることは、すばらしいことです。そのために税金を適切に使うことが必要です。少子高齢社会の中で、福祉のお金をどのようにしてつくっていくのかが大きな議論になっています。税を上げるのか、他の使い道を節約して社会保障にあてるのか、あるいは、社会保障を減らすのか、みんなで議論が必要です。

また、社会保障費のために増税をする場合、だれからどのように集めるのが公平なのかも考えなければなりません。社会保障を一番必要としているのは、社会的に弱い立場の人々です。そういった人たちに増税の負担が及べば、本末転倒になります。貧富のさが大きくならないような集め方を考えることが大切です。

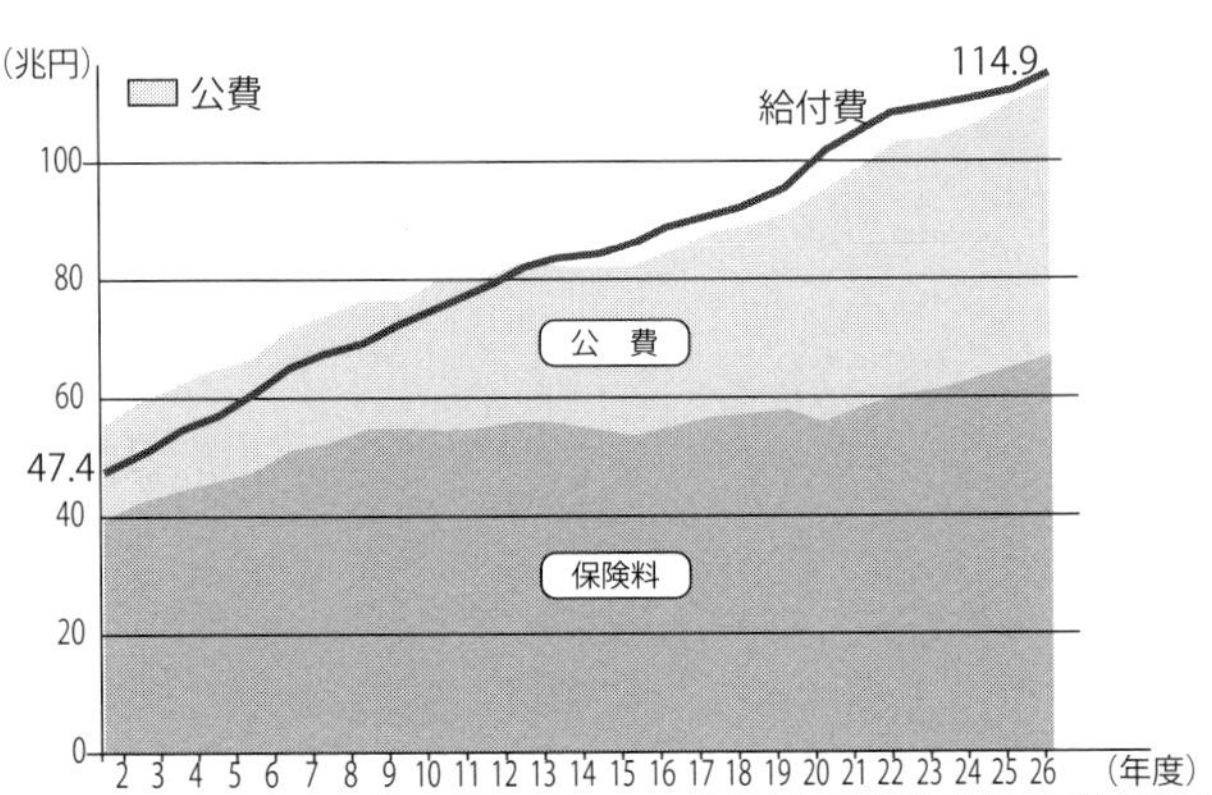

（出典）国立社会保障・人口問題研究所「社会保障費光景」。2017（H29）年度は厚生労働省（当初予算ベース）による。

❷ だれもが学べるために――教育

■そもそも教育とは？

だれもが自立した人間になるために、また、主権者として社会を担うために、さまざまな知識や経験を身につけなければなりません。そのために、みなさんは学校で教育を受けています。これはみなさんの権利です。

いっぽう、その保護者は、子どもが小学校1年生から中学校3年生まで、きちんと教育（**義務教育**）を受けられるようにする義務を負っています。私立の学校もたくさんありますが、公立の小・中学校は国や自治体が運営しているので、無料で通うことができます。こうしたことに支出される**教育費**も税金によって支えられてるのです。

いま、複雑化する社会で、ただ文字の読み書きや計算ができるというだけではなく、他者と深く議論する力、外国語を使いこなす力、コンピュータを操作する力なども求められています。また、いじめのない教室で自由に自分の意見を表明できる環境などもつくられる必要があります。時代に応じた教育のあり方と、それに伴う予算が必要です。

■日本の教育予算は、世界最低レベル？

では、実際日本は教育にどれくらい予算をさいているのでしょうか。じつは、日本の教育予算は、世界の国々と比べると非常に少ないのです。左下のグラフは、国内総生産（GDP《ジーディーピー》）で比べた、世界の教育予算の割合です。日本は非常に低く、ほかの国々の平均の7割ほどしかありません。右下のグラフは、教育費にあてる税金と、保護者の親が負担している金額の割合の比較です。世界の多くの国は、教育費のほとんどを税金で補っているのに対し、日本ではたくさんのお金を親が負担していることがわかります。日本では義務教育こそ無料ですが、大学など高等教育機関の授業料が高くなっていることから、こういう結果になっているのです。

さらに、日本の教育予算は年々減少しています。学校の現場では、必要な教材が十分に用意できなかったり、正規雇用《こよう》の先生が減ったりするなどしわ寄せがきています。

主なOECD加盟国の教育機関への公的支出割合

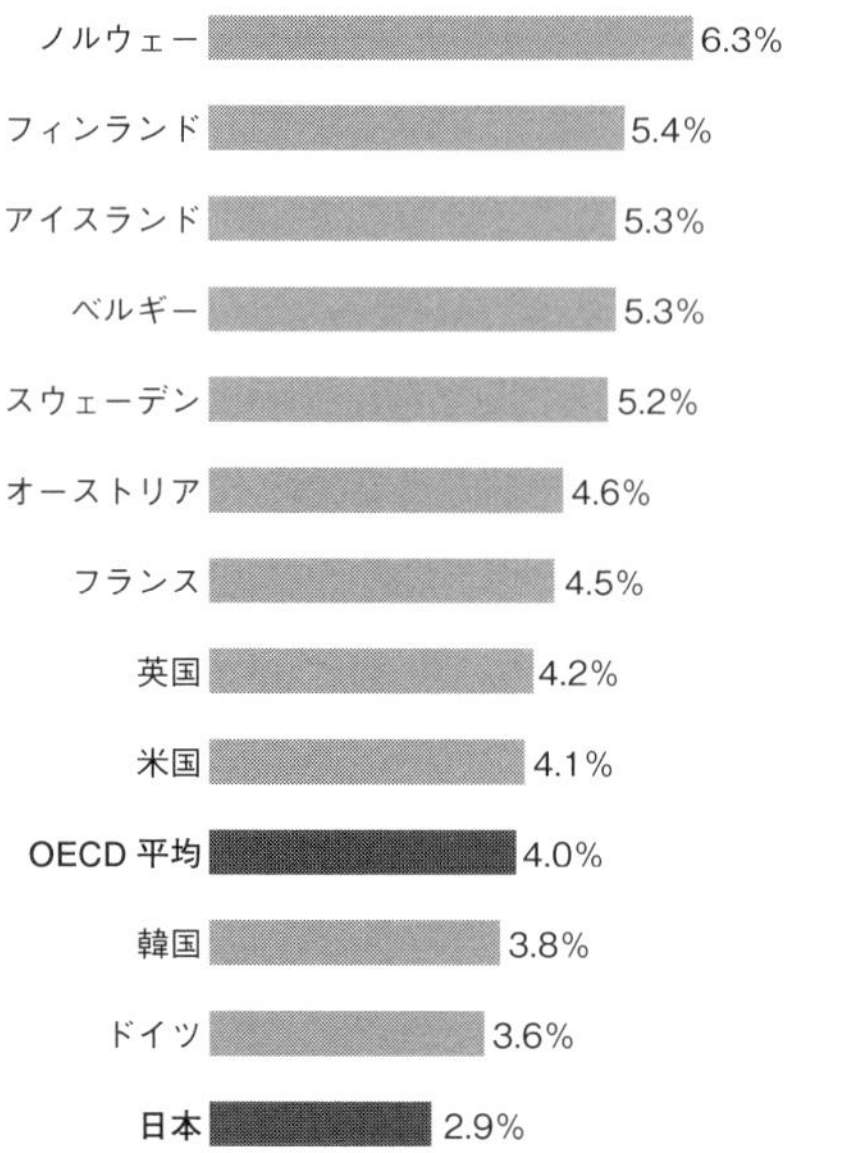

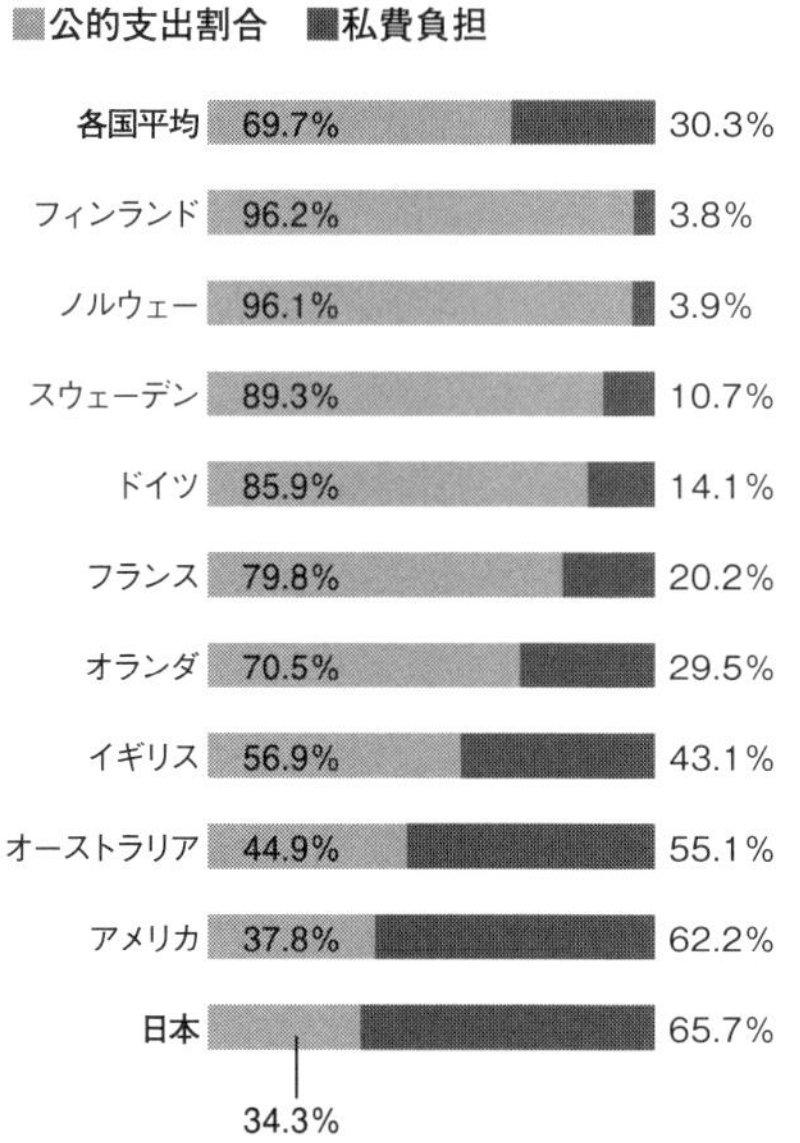

（出典）OECD「図表でみる OECDインディケータ（2015年版）

いま、過度の競争教育による子どもたちのストレスや、不景気による子どもたちの貧困の拡大が深刻な問題になっています。社会の悪い影響は立場の弱い者、とくに子どもたちにあらわれます。学校は教育の現場であるだけではなく、子どもの生活の場でもあり、より細かい対応が求められます。教員を増やしたり、少人数学級を導入したりするなど、さまざまな面から現状に合った税の投入のしかたを考えなければなりません。

また、親が負担しなければならない教育費が高いと、「子どもを生むのをやめておこう」という考えにかたむきがちです。少子化を食い止めるためにも、高等教育の学費無償《むしょう》化が急務という議論も起こっています。

❸ みんなのための工事——公共事業

■公共事業とは、なに？

みなさんが毎日通っている道や橋は、だれがつくっているのでしょうか。公園や河川の整備はどうでしょう。

こういった国民みんなに必要で、だれもが無料で使ったり受けたりできる事業の多くは、国や自治体が税金を投入し税金をつかって行う**公共事業**です。空港、ダム、小中学校の校舎の建設などから、通信網《もう》、道路、上下水道の整備なども、すべて公共事業です。

私たちや企業《きぎょう》がこうした施設をつくろうと思っても、資金がなかったり採算がとれなかったりするので、断念せざるをえません。多くの人や企業からたくさんの税金を集める国や自治体だからこそ、こうした費用のかかる施設を建設・維持《いじ》・運営することができるのです。

現在、日本の**公共事業関係費**は6～7兆円ほどです。1990年代なかばには15兆円までふくらんだことがあり、当時と比べるとかなり削減《さくげん》されていますが、それでも社会保障費関係費、国債費《こくさいひ》(事実上の国の借金)に次ぐ額になっています。日本は災害が多いため、防災関連の工事が多いことなどもありますが、**景気対策**のために公共工事をおこなうむきもあります。つまり、公共事業をおこなうことで、企業のしごとが増え、企業がもうけることで景気がよくなることが期待されているのです。

しかし、公共事業の受注をめぐって、企業が政治家や役人にワイロをわたしたり、退職した官僚《かんりょう》を高額な報酬《ほうしゅう》で雇《やと》ったりするという不正を引き起こすこともあります。税金はみんなのためのもので、一部の企業が自社の利益のために使うことも、政治家や官僚にあまい汁を吸わせるために使うものでもありません。本当に必要な公共事業を見極めることが必要です。

それでは、必要な公共事業とはどんなものなのでしょうか。これから、どんな公共事業が必要なのでしょう。公共事業は、日本が飛躍的に経済成長した1960年代の高度経済成長期に数多くおこなわれました。それから半世紀以上がたち、道路、トンネル、橋などの老朽《ろうきゅう》化が問題になっています。また、東日本大震災《だいしんさい》を例にあげるまでもなく、学校や病院などの耐震《たいしん》補強・改修も待ったなしです。自然災害に対しては、治山《ちさん》治水《ちすい》対策を含めた防災・減災の取り組みが欠かせません。近年、

危機の進行　公共インフラも高齢化？

《トンネルの天井《てんじょう》が落ちてきた！》

日本では、国民の高齢《こうれい》化だけでなく、公共インフラの高齢化も深刻です。

2012年12月、山梨県大月《おおつき》市の**笹子《ささご》トンネル**で、天井の板が崩落《ほうらく》し、9名もの命がうばわれるという大事故が起こりました。天井板は138メートルにわたって落下し、走っていた車に衝突《しょうとつ》したのです。

写真：山梨県大月市消防本部

事故の原因は**老朽《ろうきゅう》化**と考えられています。天井の板を支えるボルトや金具などは、建設された1977（昭和52）年から一度も交換《こうかん》されていませんでした。ボルトの欠落やボルトを固定する接着剤《せっちゃくざい》の劣化《れっか》が原因という見方もあります。また点検作業の不備も指摘《してき》されています。

《橋がつぎつぎ落ちる？》

笹子トンネルよりも古い公共施設《しせつ》は、日本全国にたくさんあります。道路、トンネル、橋などの建造のピークは、1960年代の**高度経済成長期**でした。とくに首都圏《けん》では、1963年に開催《かいさい》された東京オリンピックに向けて、一気にこうした巨大《きょだい》インフラが建造されたのです。

こうした施設の健康寿命《じゅみょう》、つまり耐用《たいよう》年数はいっぱんに約50年といわれます。しかし、事故を起こしたときの笹子トンネルの築年数は、まだ35年。かなり「若い」ほうでした。

全国には、橋だけでも約72万本あります。2030年ごろには、この半数が築50年をこえ、通行禁止にせざるをえない橋が増えると推測されています。「石橋をたたいてもわたれない」ことになるかもしれません。

多くの専門家が「**危機は静かに進行している**」と警告しています。

温暖化の影響により例のない災害が日本各地を襲っています。インフラのメンテナンスと、これまで以上に高度な防災・減災のための公共工事が、今後必要になってくるでしょう。

❹ 国を守るために——防衛

■防衛とは？

防衛とは、他国からの攻撃《こうげき》に備え、安全を確保することです。この防衛にかかわる職員の給料や戦車、ミサイル、通信機器などにかかる費用が**防衛費**です。防衛費にも、もちろん税金が使われています。

ところで、日本には軍隊はありません。その代わりに、自衛隊があります。これは、日本がアジア・太平洋戦争（第二次世界大戦）でたくさんの犠牲《ぎせい》を出した反省をもとに、日本国憲法で「戦争は永久にしない」「だから軍隊ももたない」（日本国憲法第９条）と決めたためです。しかし、アメリカの圧力などから表向きは警察の補助という位置づけで警察予備隊が組織され、組織も装備も巨大《きょだい》化し、**自衛隊**となりました。現在の自衛隊の装備はとても強力で、世界第６位です。日本の防衛費は、毎年５兆円程度で推移しています。日本は世界有数の「軍事大国」といっても過言ではないでしょう。

ただし、防衛費のすべてが自衛隊のために使われているわけではありません。沖縄《おきなわ》や横浜などに駐留《ちゅうりゅう》するアメリカ軍基地のために使われる予算も、多く含まれているのです。この駐留費の分担を決めるのが、**日米地位協定**です。この協定では、軍施設《しせつ》の維持《いじ》費用はアメリカが負担するとされていました。ところが、協定にもとづいてアメリカが負担していた兵士宿舎の維持費などについて、別の取り決め（特別協定）が結ばれ、日本が負担するようになったのです（**思いやり予算**）。しかし、この中身には、浴室が3つもある米兵の豪邸《ごうてい》や、ゴルフ場の従業員の給料なども含まれていることがわかり、「ぜいたくすぎる」という批判の声がでています。

■これからの防衛

自衛隊をめぐっては、これまでさまざまな議論が起こってきました。しばらく前までは、日本国憲法との矛盾《むじゅん》やつじつま合わせをめぐる議論が中心でしたが、近年は、自衛隊が海外で武器を使うことの是非を問う議論がさかんになっています。

前述のとおり、日本国憲法は第9条で「**戦争放棄《ほうき》**」を定めています。しかし、同盟関係にあるアメリカが戦争するなら、日本も協力するべきだという考えから、「**集団的自衛権の行使**」を認める法律が制定されました。北方領土、竹島《たけしま》、尖閣《せんかく》諸島など、近隣《きんりん》国との領有権問題の解決ために、軍事力を強化すべきという声もあります。さらに、自衛隊を正式の軍隊にせよ、という声もあります。

いっぽう、日本が戦後一度も戦争をしなかった事実に目を向けるべきであり、そのことにこそ、日本のメリットがあるという声もあります。日本人は過去70年以上にわたり、戦争で一人の外国人も殺していません。武器を使用しない日本の国際協力は、海外からも高い評価を得ています。

人類は世界大戦という悲惨《ひさん》な経験をへて、**国際連合**を結成し、話し合いで紛争《ふんそう》を解決する道を模索《もさく》してきました。その道を太く確かなものにするためにも、日本は平和憲法の第９条をかかげて、国際平和をリードするべきというものです。

「**戦争をしない国**」という日本のイメージは、他国の紛争解決でも役立っています。２００３年、紛争地のアフガニスタンで、日本は武装グループの武装解除を担当しました。リーダーとして派遣《はけん》された伊勢﨑賢治《いせざきけんじ》さんは、６万数千人の武装解除に成功します。伊勢﨑さんは武装グループとの話し合いのなかで、「日本人だから信用しよう、と言われた」と語っています。アフガニスタンの人々がもつ日本のイメージは、「世界屈指《くっし》の経済大国であり、戦争をしない唯一《ゆいいつ》の国」というものでした。このイメージが国際紛争を解決するときに、ほかの国がもっていない日本の財産だったというのです。

　これから日本という国がどんな理念をもって、国際問題や地域紛争を解決していくのか。そのことが、防衛費を考えるときの大きなカギになるのではないでしょうか。

❺ 国や自治体がかかえる借金――公債

■公債とは、なに？

少子高齢《こうれい》化が進行するなか、国の税収は減り、使う予算はふくらむいっぽうです。そんな状況《じょうきょう》に歯止めがかからないため、国は借金をして財政を成り立たせています。自治体も同じです。

国や自治体が借金をするとは、どういうことでしょうか。

ここで登場するのが、**公債《こうさい》（国債、地方債）**です。公債とは、国や自治体が発行する債券のことです。債券とは、「これだけお金を借ります」という証明書のことです。この証明書と引きかえに、国や自治体は、国民や銀行などから広くお金を借りているのです。したがって、「**公債は、国・地方の借金**」と言いかえることができます。現在、国の収入（正確には**歳入**という）の半分近くが国債で補われています。

借りたお金は当然、利子をつけて返さなければなりません。国と地方を合わせた公債の額は1100兆円を超えており、単純計算すると、国民一人あたり約870万円の借金を背負っていることになります。政府の一年間の歳出《さいしゅつ》を見ても、国債費が約23％を占《し》めています。ここから、日本は「借金まみれ」の状態にあると指摘《してき》されます。いっぽう、借金をしているのは国ではなく政府であり、しかも相手はほとんど日本国民なので問題ない。家計の借金と同一視することはできない。そんな声もあります。
いずれにせよ、日本の財政が公債なしに成り立たなくなっているのは事実です。

■公債は未来へのツケ

では、もし銀行や国民が公債を買うのをやめれば、どうなるでしょう。国の財政も地方の財政も、すぐにいきづまってしまいます。

しかし、公債を返していくのは未来の人たち、次の世代です。未来にツケを残さないためにも、どうやって支出を減らすか、収入を増やすかを真剣《しんけん》に考えなければなりません。「公債だのみ」からぬけ出し、健全な財政を再建することが求められているのです。

じつは、公債を使って財政をやりくりすることは、基本的に法律で禁止されています。財政法では、「国の歳出は原則として国債又《また》は借入金以外の歳入をもって賄《まかな》うこと」（第４条第１項）と決められているのです。ただし、例外があります。公共事業などを対象にした**建設国債**です。公共事業でつくる道路や橋などは、未

日本の財政の推移

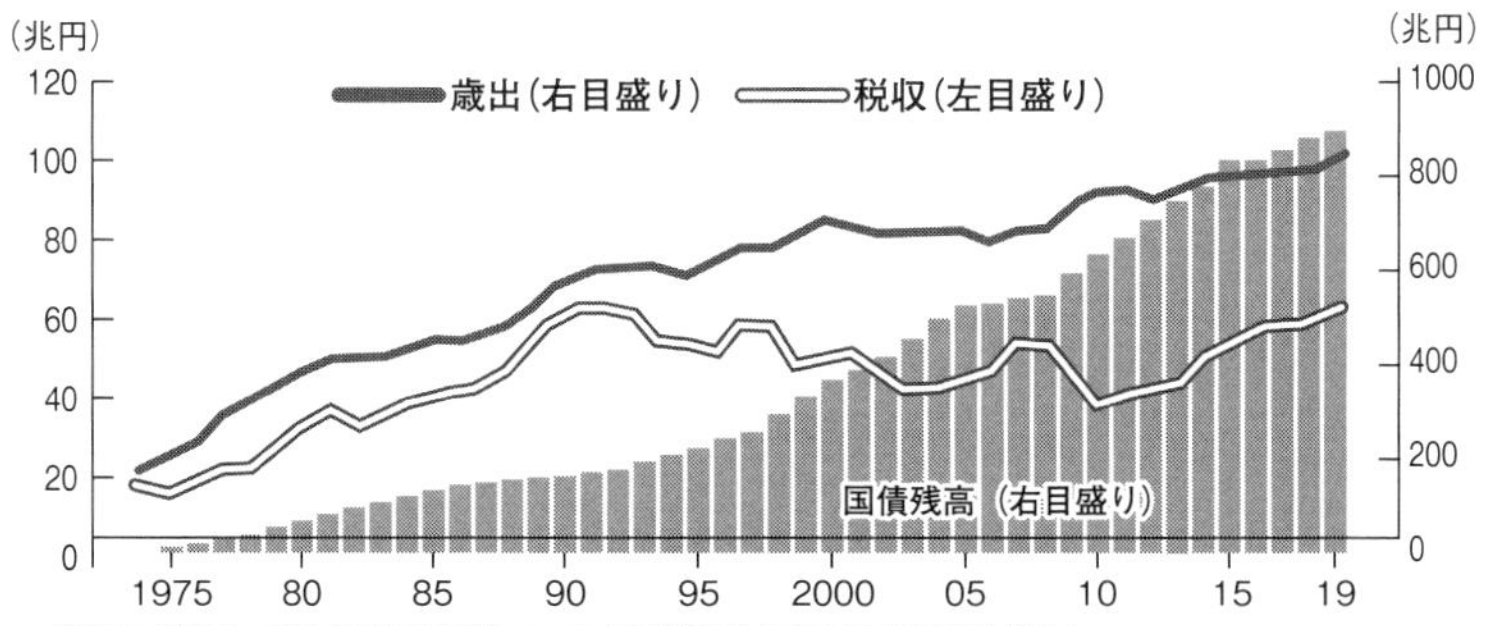

※歳出、税収は一般会計の図書予算ベース。国際残高は年度末で19年度は見通し

来の人たちの役に立つ資産になるという考えから、認められているのです。それでもまだ不足する場合には、特別に法律をつくって、新たな公債を発行することができます。特例国債というもので、赤字のときに使うことから**赤字国債**ともよばれます。

また、**復興債**という公債もあります。２０１１年3月11日に起こった東日本大震災《だいしんさい》の復興のために、認められることになった公債です。復興のために、たくさんの予算が必要になったからです。少し長い名称ですが、「東日本大震災からの復興のための施策《しさく》を実施するために必要な財源の確保に関する特別措置《そち》法」という法律が制定され、２０２０年度までに実施する復旧・復興事業に復興債を発行できることになったのでした。

ところで、国はなぜこんなに借金ができるのでしょう。借金をするためには、借りたお金を返せる見こみがなければなりません。そうでなければ、だれもお金を貸してくれないでしょう。

日本がたくさん借金できるのは、国内にたくさんの財産があるからです。企業や個人の財産（資産）はもとより、日本から外国に貸しているお金もたくさんあります。そういった全体の資産が日本の信用になっている。だから、債務不履行《ふりこう》にならない、財政破綻《はたん》もしないというわけです。

ただし、「楽観論がすぎる」「いずれ限界がくる」という厳しい見方もあります。

❻ そのほかのいろいろな予算

■途上国《とじょう》への支援《しえん》と格差是正《ぜせい》

ほかにも、税はさまざまな使われ方をしています。たとえば、**経済協力費**という項目があります。世界には、食料が足りず、貧困や飢餓《きが》に苦しんでいる国や地域が少なくありません。日本は先進国の一員として、こういった国々に税金を使って援助《えんじょ》をおこなっています。

現地の人たちが自立して生活できるように、教育や保健・医療《いりょう》の指導から、発電所建設・上下水道整備といった生活インフラなどへの資金提供、土地改良の支援やかんがい機材の提供など、多岐《たき》にわたっています。このような援助を、**政府開発援助（ODA《オーディーエー》）**といいます。

日本の税は海外だけでなく、国内の地域間格差を解消するためにも使われています。

国内でも、地域によって社会のありさまや経済の状況《じょうきょう》はさまざまです。東京のような大都市の自治体は、多くの企業《きぎょう》や人が集まっているので、税収は潤沢《じゅんたく》です。いっぽう、地方の多くの自治体は若い働き手が流出し、税収がとぼしいので、住民に十分な公共サービスを提供できません。

こうした地域間格差を縮めるために、国が地方へ税金を再配分するしくみが用意されています。地方自治体にとっての依存財源《いそんざいげん》というもので、大きく**地方交付金（地方交付税交付金）**と**国庫支出金**の2つに分けられます。地方交付金は地方自治体が独自の判断で自由に使えますが、国庫支出金は特定の費用の一部について国が負担するもので、使い道が決められています。

■原子力発電の開発費用

日本には石油や天然ガスなどの資源が少なく、エネルギーをどう確保するのかはずっと課題になってきました。そのため、エネルギー対策費として毎年1兆円近くが使われています。しかし、その多くは**原子力発電**の研究・開発・維持《いじ》にかかわる費用です。

２０１１年3月の東日本大震災《だいしんさい》で、**東京電力・福島第一原子力発電所**が制御《せいぎょ》不能になり、炉心《こしん》が溶けるという大事故が起こりました。危険な放射性物質が大量に放出され、これによって、周辺地域に人が住めなくなってしまったのです。いまも多くの住民が避難《ひなん》生活を強《し》いられています。危険ととなり合わせの原子力発電にたよっている、現在のエネルギー政策をどう見直せばよいのでしょう。二酸化炭素を大量に排出《はいしゅつ》し、**地球温暖化**を加速させる火力発電も問題です。海外に目を向けると、ヨーロッパの先進国を中心に、石油や石炭などの化石燃料にたよらない社会をつくる動きが広まっています。

２０１5年、国際連合で国際社会がめざす共通の目標として「**SDGs**《エスディージーズ》**（持続可能な開発目標）**」がかかげられました。２０３０

年までに、貧困、不平等、紛争など世界がかかえる諸問題を解決するという17の目標で、地球温暖化や海洋汚染《おせん》の防止なども含まれています。太陽光や風力、波力、地熱などの自然エネルギー、すなわち**持続可能なエネルギー**への転換《てんかん》が急がれており、日本でも、この分野にもっと多くの税を投入するべきという声が強まっています。

ここまで見てきたように、税はさまざまな使われ方をしています。どれも私たちの暮らしに欠かせないものですが、限りある税収のなかで、なにを大事にするのか、なにを優先するのかを考えなければなりません。

第3部

消費税って、どんな税

来週、クラスメイトの誕生会に
行くことになった。
プレゼントはなにがいいかな？
そうだ、図書カードはどうだろう！

スーパーの売り場で
５００円の図書カードを買うことにした。

５００円と消費税分のお金をはらおうとすると、
レジのお姉さんが
「消費税はいりませんよ」
とほほえんだ。
えっ？　どうしてなの？

なんでも、図書カードや商品券を買うときには
消費税はかからなくて、

使うときにだけ消費税がかかるんだって。
だから、500円の本を買うときには、
この図書カードと
消費税分のお金がいるんだって。

ふーん、消費税って、
なんにでもかかっているわけじゃないんだね。

映画を観《み》たときや、バスに乗ったときは、
どうだったんだろう?
消費税はかかっていたのかな?
なんだか、わからなくなってきちゃった。
消費税って、いったいどんな税なんだろう?

第1章　消費税はどんなしくみになっているの？

❶ 消費税が導入された理由

■消費税とは？

毎日の暮らしのなかで、私たちはいろいろな買いものをします。ノートや消しゴム、運動ぐつなどといった日常でよく使うものは、すべて買いものをして手に入れます。また、冷蔵庫や自動車、さらに大きなものではマイホームも、お金をはらわなければ自分のものにすることはできません。ノートや家屋という形あるモノだけではありません。さまざまなサービスを受けるときにも、お金が必要です。髪《かみ》のカットにいったり、バスに乗ったり、野球やサッカーの試合を観戦したりなど。

こういった商品・サービスを購入《こうにゅう》するときにかかるのが、**消費税**です。

ただし、消費税がかからないものもあります。医療《いりょう》費や賃貸マンションなどの家賃には、消費税はかかりません。小・中学校の授業料やみなさんが使っている教科書にもかかりません。

このちがいは、どういう考えによるのでしょう。消費税はどのようなしくみになっていて、いつからはらうことになったのでしょうか。

この第3部では、みなさんに身近な消費税について、くわしく説明していきます。

■消費税導入のいきさつ

日本では、１９８８年に**消費税法**が制定され、翌《よく》１９８９年の４月から実施《じっし》されました。昭和から平成に移ったとき、つまり平成元年に導入されたのです。長い税の歴史のなかでは、ごく最近のことといえるでしょう。

では、どうして消費税を導入することになったのでしょうか。

当時の政府は、次のように説明しています。日本は１９７０年代なかばから、生まれる子どもの数が減少しはじめました。出生率が低下したのです。それにともない、人口に占める高齢者の割合が大きくなっていきました。こうした状況《じょうきょう》を**少子高齢化**といいます。現在、日本は65歳《さい》以上の老年人口が約28%（２０１９年）という、世界に類をみ

ない**超高齢社会**に突入《とつにゅう》しています。老年人口の割合は、これからも上昇しつづけるとみられ、２０６５年には40％近くまで増えると予測されています。少子高齢化の進行は、働く人が少なくなるということを意味します。戦後の日本は、働いて給料をもらう人が納めている所得税が税収の大きな割合を占《し》めていました。働く人が減れば、当然その分の税収も減ってしまいます。日本全体の経済規模《きぼ》も縮小することになるでしょう。そこで、所得税にたよらずにすむように、新しい税が必要だとしたのです。

高齢者が多くなることには、もうひとつ問題があります。人は歳《とし》を重ねるにつれ、身体機能が衰《おとろ》え、病気も増えます。看護や介護《かいご》が必要になる場面も増えます。高齢者を助ける費用、つまり社会保障費が増加していくことを見すえ、その費用に消費税による税収を充《あ》てるとしたのです。

■消費税導入の反対意見

しかし、**消費税は「不公平」な税**だという反対意見も根強くあります。

たとえば、お金持ちが買うパンも、貧しい人が買うパンも、同じパンには同じ率の消費税がかかります。消費税の税率は、買い手によって変わることはありません。それよりも、税金を負担する力のある人、つまりお金持ちのほうが、たくさんの税をはらうべきではないか、という意見です。

消費税導入の反対意見は、それだけではありません。会社の経営にも、国の経済にも、悪影響《あくえいきょう》をおよぼすという意見です。消費税がかかると、商品・サービスの値段が変わらなくても、消費税の分を足してはらわなければなりません。たとえば、500円の本は消費税がないときには、500円で買えました。しかし10％の消費税がついているいまは、お店に550円をはらっています。もし将来、消費税が20％に引き上げられれば、600円をはらわなければなりません。すると、新しくモノを買おうとする意欲が落ちてしまいますね。結果として、モノが売れなくなり、経済が低迷してしまうといったことが心配されるのです。

消費税導入の際には、これ以外にもさまざまな問題点が指摘《してき》されました。そのほとんどは、いまも解決されていません。それどころか、消費税が導入されるいっぽうで、所得税の税率も企業《きぎょう》がはらう法人税の税率も引き下げられてきました。これを問題視する声もあります。

ともあれ、平成時代の幕開けとともに消費税が導入されて以来、30年以上がたちました。元号も令和に変わりました。いま、消費税は日本の税収の3分の1近くを占めるにいたっています。いまだ反対の声は根強いですが、国の財政に欠かせない税金として定着していることは否定できません。

❷ 消費税の基本的なしくみ

■消費税をはらうのはだれ？

消費税を国（税務署）に納める義務を負っているのは、だれでしょうか。消費者のみなさんではなく、じつは商品やサービスを提供している事業者です。**事業者**とは、利益を得ることを目的としている企業や商店などのことですが、ここではみなさんに身近な「お店」としておきましょう。

現在の消費税の税率は原則10％です（食料品などは８％）。したがって、たとえばお店に３０００万円の売上げがあったら、10％にあたる３００万円の消費税を納めなければなりません。これは、法律で決まっていることです。

では、この３００万円をだれが負担するのでしょう。お店は自分たちで負担するのではなく、みなさん（消費者）にはらってもらうことにしています。たとえば、１００円のボールペンを売る文房《ぶんぼう》具《ぐ》店は、１１０円という値段をつけて、10円の消費税分をとっています。つまり、消費税分のお金をしはらう（負担する）のは、商品やサービスを買った客で、それを国に納めるのがお店ということになっているのです。

１００円のボールペンを、そのまま１００円の値札をつけて売っている店もあります。このボールペンには消費税はかかっていないのでしょうか。少しわかりにくいかもしれませんが、ちゃんと消費税分が含まれています。91円というボールペンの本体価格に9円の消費税分がくわえられ、１００

税制・改名 名前を変えて再登場？

《戦後すぐに導入されていた？》

消費税はこれまで、税制改正ならぬ、改名を重ねてきました。

じつは戦後まもない1948年、よく似た税が導入されたことがあります。取引高税というもので、製造業、販売《はんばい》業から運送業まで、はば広い取り引きに1％の税がかせられました。しかし、中小の事業者の猛《もう》反発をうけて、わずか1年4か月で廃止《はいし》されたのです。

1950年にも、付加価値税を導入する法律が制定されましたが、実施《じっし》されずに終わりました。さらに1986年、**売上税**の導入が決まりましたが、次の一斉《いっせい》地方選挙で与党《よとう》・自民党が敗北したため、廃案に追いこまれたのです。そして1989年、この売上税をベースにし、**消費税**と名前を変えて再登場したのでした。

《消費税の歩み》

1948年	取引高税が導入。運用がむずかしく、すぐに廃止《はいし》
1950年	取引高税が導入。運用がむずかしく、すぐに廃止
1968年	付加価値税（消費税）が再度検討されたが、国民の猛反発で国会に提出されず
1979年	一般消費税導入をとなえて総選挙が行われた結果、与党が惨《ざん》敗《ぱい》。導入を断念
1986年	売上税（消費税）導入を決めるが、翌年の一斉地方選挙で与党が敗北し、廃案
1989年	**消費税**が導入。税率は３％
1997年	税率が５％に
2014年	税率が８％に
2019年	税率が **10％**に。**軽減税率**の導入

円になっているのです。

値段をつけるときに消費税も含めた金額表示にすることを、**内税方式**といいます。これに対して、消費税を別に表示することを**外税方式**といいます。

このように、消費税はしくみが複雑なため、お店にはいろいろな苦労や手間がかかります。その中身はあとで説明します。

■消費税がかからないもの

本章の冒頭《ぼうとう》で少し紹介《しょうかい》しましたが、消費税がかからない商品やサービスもあります（非課税）。

ひとつは、「消費」するものではないモノ。

その代表は、土地や利子です。「消費」とは文字どおりに解釈すると、個人の欲望のもとに、なにかを費やして消しさること、モノや時間などを使ってなくすことです。土地は使ってなくすものではありません。よって、土地を売り買いすることは消費ではない、という考えが成り立つのです。預貯金などにかかる利子も消費とはちがうと考えられています。ただし、土地の上に建てた家やマンションなどの建造物には消費税がかかります。

もうひとつは、税の二重ばらいになるモノ。

代表は、商品券や図書券などの金券です。金券を使って商品を買うときに、私たちは商品にかかる消費税をはらわなければなりません。金券を買うときにも消費税がかかると、消費税の二重ばらいになってしまうからです。

また、前述したとおり、医療費《いりょう》や教育費にもかかりません。病気・けがの治療や出産などは、なにかを使ってなくすという「消費」の考えにあてはまりませんよね。公的な医療サービスだけでなく、お医者さんが処方した薬（処方薬）にも消費税はかかりません。社会的に立場の弱い人が受ける介護《かいご》サービスなども、医療と同様に消費税になじまないと考えられ、非課税になっています。学校教育も国にとって大切な事業であり、政策的な配慮《はいりょ》もあってか、消費税はかかりません。

また、企業《きぎょう》が外国に商品を輸出するときにも消費税は免除《めんじょ》されます（免税）。みなさんが飛行機や船に乗って外国に行くとき、すなわち国際線に乗るときにも、消費税は求められません。ただし、2019年1月から、**出国税（国際観光旅客税）**という別の税が導入されています。外国での取り引きや寄付などにも消費税はかかりません（不課税）。日本の国内法にもとづく消費税の決まりは、日本国内だけに適用されるからです。

第2章　世界の消費税はどこがどうちがうの？

❶ 世界のさまざまな消費税

■税率は世界共通？

日本以外の国々にも、消費税はあります。よび名はいろいろですが、物やサービスに税をかけるという点では、基本的に変わりません。

アジア諸国やヨーロッパの多くの国では、**「付加価値税」（VAT《ブイエーティー》）**という名称《めいしょう》で導入されています。中国では「増値税」とよんでいます。アメリカでは「小売売上税」という名称です。集めるのは国ではなく州で、税率も州によってさまざまです。

国によって税率もさまざまです。いちばん高い国は東欧《とうおう》のハンガリーで、27％。北欧諸国も、23～25％と高水準です。いずれも、「**大きな政府**」による高福祉《こうふくし》政策をすすめている国ばかりです。「大きな政府」とは、たくさんの税金をとって、医療《いりょう》・教育などの国民生活の広い範囲《はんい》に多くの税金を投入する政府のことをいいます。消費税率1位のハンガリーでは、基本的な医療費と義務教育の学費は無料です。

消費税のない国もあります。サウジアラビアやアラブ首長国連邦（UAE《ユーエーイー》）です。また、ペルシャ湾岸の小さな国バーレーン、クウェート、カタールなどもありません。すべて西アジアの産油国です。石油が莫大《ばくだい》な収入をもたらしてくれるので、消費税をとらなくても財政に余裕《よゆう》があるのです。

アメリカ合衆国の「小売売上税」も、州によってはゼロというところがあります。

■軽減税率の適用

私たちが生きていくために、最低限必要な物があります。食料品や衣類、住宅などがそうです。

とくに食料品は、私たちの命に直結しています。そのため、食料品には高い税をかけるべきではない、という主張があります。この考えにもとづき、世界の国々のなかには、食料品に消費税をかけなかったり、税率を低くおさえるところがあります。これを**軽減税率**といいます。

日本も、２０１９年に税率が８％から10％に引き上げられたとき、それまでの単一税率が見直され、軽減税率が導入され

世界各国の消費税の標準税率

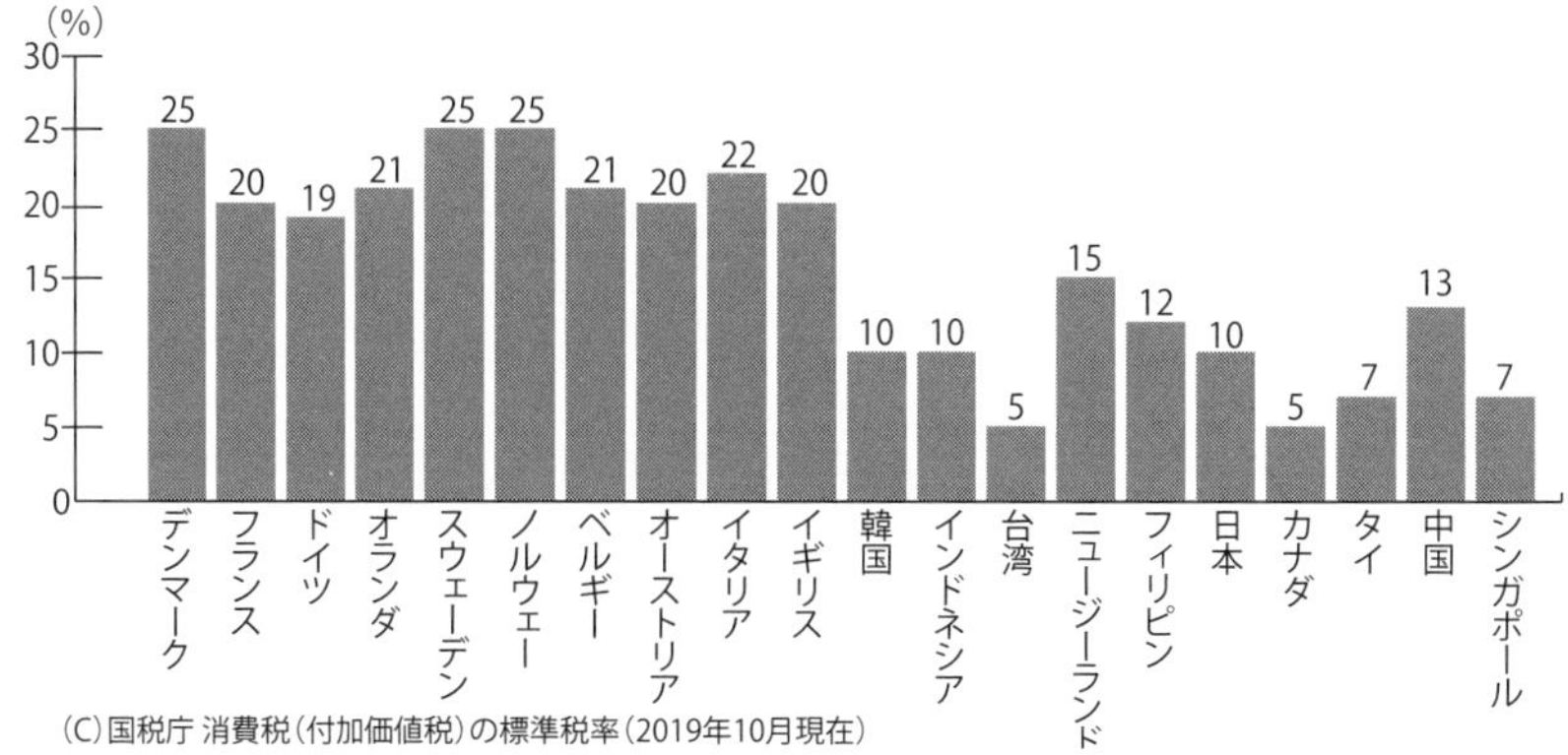

(C)国税庁 消費税（付加価値税）の標準税率（2019年10月現在）

ました。食料品と定期購読《こうどく》の新聞代などが、軽減税率として8％に据《す》え置かれたのです。スーパーなどで食材を買うときは8％で、レストランなどで食事をするときは10％の消費税がとられるようになりました。食材は生活の必需品《ひつじゅ》ですが、外食はぜいたくだからという理由です。

■さまざまな軽減措置

また、食材の種類や数によって税率が変わることもあります。

日本では、ビールやお酒、ワインなどの税率は10％です。アルコール類はお米やパン、野菜、調味料、お茶などとちがい、ぜいたく品であるという考えからです。

イギリスでは、食品の成分によって適用範囲が変わります。たとえば、チョコレートが入っているクッキーはぜいたく品と見なされ、消費税がかかりますが、チョコが入っていないクッキーにはかかりません。ケーキ類もチョコが入っていなければ、税率はゼロです。カナダでは、購入したドーナツの個数で適用範囲が変わります。ドーナツ5個以内なら、その場で食べきれる数とみなされ、外食費として消費税が6％かかります。ドーナツを6個以上買うと、その場では食べきれないとみなされ、テイクアウトの食料品として消費税はかかりません。

以上のように、なにをぜいたく品と捉《とら》えるのかは、さまざまです。

❷ 軽減税率の問題点

■ほんとうに低いの？　日本の消費税

ヨーロッパ諸国の消費税率と比べると、日本の税率は10％。まだまだ低いと言われることがあります。ただ、税率を比べるだけでは、日本の消費税が必ずしも「低い」とはいえないのです。

食料品だけではなく、日常生活に必要な水、電気、さらに書籍、子ども服などにも軽減税率を適用している国もあります。そういった国では、税率が高くても、食料や日用品への支出の大半が非課税なら、実際にはらう税はわずかになるでしょう。

たとえば、子どものために、食料品と子ども服、絵本を買ったとします。日本ではこのすべてに消費税がかかりますが、イギリスではどれもゼロです。このように、本当に消費税が高いか、低いかは、全体を見て考えなければいけません。

■軽減税率の問題点

先述したとおり、日本でも2019年10月から食料品や定期購読の新聞に軽減税率が適用されました。所得の低い人などへの配慮《はいりょ》から、これらを特別あつかいすることにしたのです。8％から10％への税率の引き上げには反対意見が出ましたが、このことに表立った批判は出ませんでした。しかし、この軽減税率にはさまざまな問題があるのです。

店内での飲食は10％だけど、テイクアウト（もち帰り）は8％というように、複数の税率が適用されると、決済のしかたが複雑になり、お店の負担が増えます。

それ以前に、線引きがとてもむずかしいです。他国の例を見ても、食料品のうち、どれをぜいたく品とあつかうのか、厳密に分けることは困難です。食料品だけでなく、電気やガスも日々の暮らしに欠かせません。バスや鉄道などの交通機関も、住む地域によっては生きるのに欠かせないでしょう。こうしたサービスに軽減税率を適用すべきだという意見も出そうですが、そうするとさらに線引きが細かくなります。

くわえて、所得の低い人への配慮《はいりょ》という点にも疑問があります。食料品に軽減税率を適用すると、所得の低い人だけでなく、お金持ちも恩恵《おんけい》を受けるからです。さまざまなデータから、低所得者の負担緩和《かんわ》にはつながらない、ということが明らかになっています。

こうしたことから、近年、新たに消費税を導入している国の多くは軽減税率を導入せず、単一の税率を採用するという傾向《けいこう》にあります。

第3章 消費税にはどんな問題があるの？

❶ 消費税は「公平」というウソ？

■税を集めるルール

税を集めるとき、守らなければならない決まりがあります。「公平に集める」ということです。たとえば、年収200万円のAさんと、年収1000万円のBさんの所得税はどうでしょう。2人にかけられる税率は同じではありません。所得の大きいAさんにはより高い率の税がかけられています。それぞれがもっている能力や財産に応じて税金をかけているのです。

これが「公平な税」のルールだと考えられています。第1部「税の集め方、使い方のしくみ」の第2章で説明したように、これを「**応能負担の原則**」といいます。

また、所得が多い人には税率を高くし、所得の少ない人には税率を低くする課税のしかたを**累進《るいしん》課税《かぜい》**といいます。これも、所得税のしくみで説明しましたね。

■消費税は「公平」？

それでは、消費税は「公平」なのでしょうか。

同じ商品を買えば同じ額の税金がかかるのですから、一見すると、公平なように思えます。でも、年収200万円のAさんは貯金する余裕《よゆう》などなく、200万円のほとんどを生活費に充《あ》てざるをえません。そのため、年収のほぼ全額に課税されることになります。

他方、年収1000万円のBさんは、よほどの浪費《ろうひ》をしない限り、収入の大部分を貯金に回せるでしょう。そのため、年収の一部しか課税されないことになります。これでも、「公平」といえるのでしょうか。

消費税がかかる商品・サービスのうち、お金持ちも貧しい人も買わなければならないものが、食料品です。

日本の場合、食料品にも消費税がかかります。ところが、収入が高い人も低い人も、食費はあまり変わりません。食料品は生きていくために必要なもので、どんなに削《けず》ろうと努力しても限度があります。軽減税率の8％が適用されているとはいえ、食費をゼロにすることはできません。

年収別の月間生活費と食費の平均値

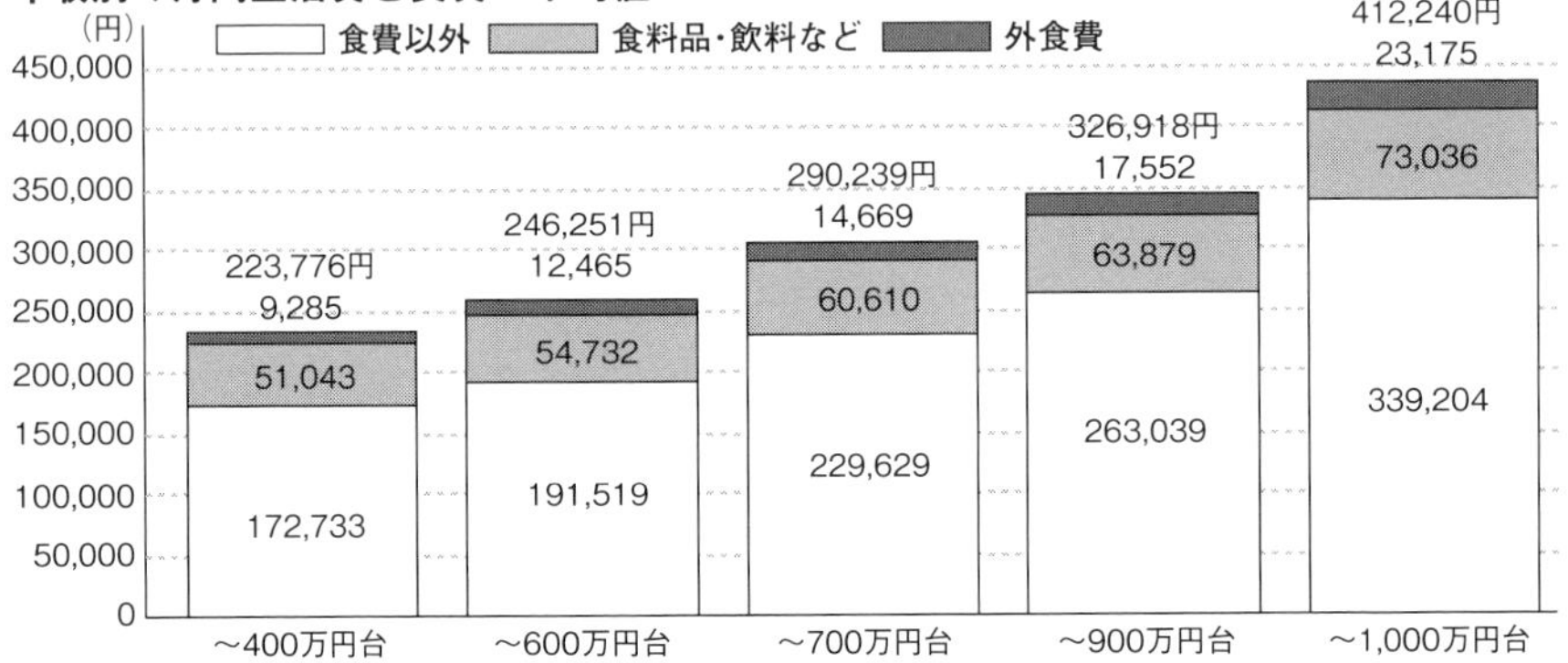

（出典）総務省「家計調査 年報 二人以上の世帯（勤労者世帯）（2018年）」より作成

そうすると、貧しい人もお金持ちとあまり変わらない額の消費税を負担することになるのです。給料の高い人には高い税を、低い人には低い税を、という「公平」の考え方が消費税には通用していないのです。

❷ 高齢化社会と消費税の深い関係

■日本の福祉《ふくし》は後退している？

消費税が導入されるとき、高齢《こうれい》者の医療《いりょう》・介護《かいご》などにかかるお金が増えていくので、そのために必要だといわれました。

しかし、下の表を見てください。消費税が導入されてから、日本の高齢者福祉は改善されたのでしょうか。病院の窓口業務の負担は増え、年金の保険料は上がり、年金をもらえる年齢も引き上げられる傾向《けいこう》にあります。

なぜ、こんなことになったのでしょうか。ひとつは、高齢者の急増にともない、医療や年金に必要なお金が急カーブをえがいて増えているからです。消費税を上げても追いつかないのです。

		20年前	現在（2019年）
 医療	サラリーマン本人窓口負担	1割	3割
	高齢者（70歳以上） 窓口負担	外来　月 800円 入院　1日 400円	2割（75歳以上は1割） 「現役並み」所得は3割
 年金	国民年金保険料	月 7,700円	月 1万6,410円
	厚生年金支給開始年齢	60歳	65歳
 福祉	障害者福祉利用者負担	無料（9割の人）	原則1割
	特養ホーム待機者	2万人	36万6千人（2016年度）

ただ同時に、消費税の税率が上がるたびに企業《きぎょう》が納める法人税が減らされつづけていることも見落とせません。

■企業の負担をどう考える？

下のグラフを見てください。消費税導入後の20年間を見ても、この間に２２４兆円の税収がありましたが、法人税が下げられたため、その減収分は２０８兆円になっています。法人税の減った税収と、消費税の増収分はほぼ同じなのです。

働く人口が減ると、企業の力も弱くなります。外国企業との競争も激しさを増し、日本企業は生き残りに必死です。こうした企業の支援《しえん》のためにも、法人税は下げられてきました。

ただ、世界の国々と比べて、日本の企業が担う税や社会保障の負担がとくに高いというわけではありません。

企業の負担を減らして社会保障もおさえていくのか、企業にも応分の負担を求め、国民みんなで社会保障を支えるのか、議論していくことが大切です。

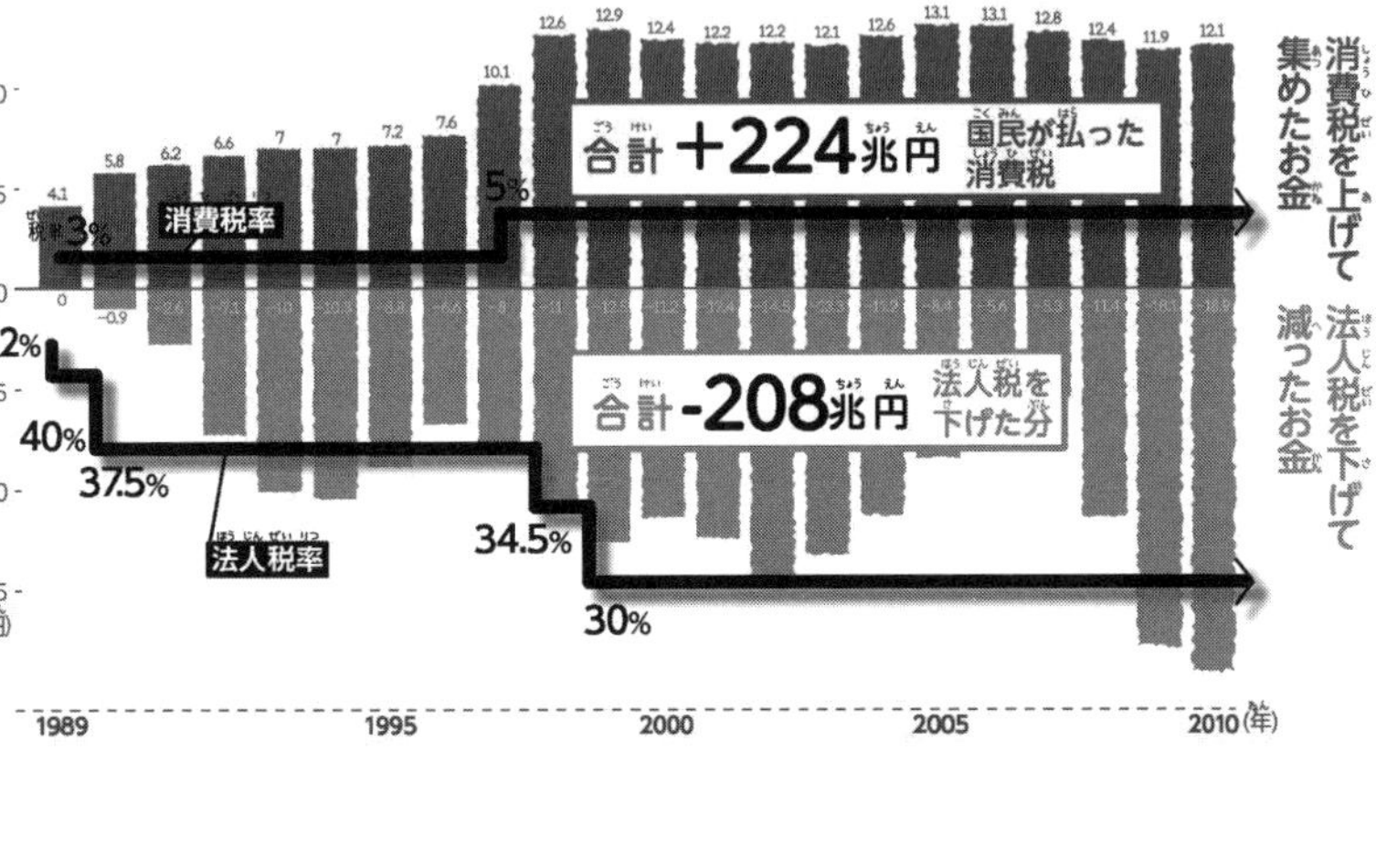

❸ 景気と消費税の切っても切れない関係

■好景気と不景気

テレビのニュース番組が「景気が悪化したため……」などと伝えるのを、よく耳にしませんか。景気とは経済の動きの活発さのことです。

好景気とは、多くの収入を得た消費者がたくさんモノを買い、そのことで企業《きぎょう》が多くの利益を上げる状態のことで、**好況**《こうきょう》ともいいます。お金がめぐり回ること（循環《じゅんかん》）と言いかえてもよいでしょう。

反対に**不景気**とはモノが売れなくなり、お金の流れが止まってしまうことです。好況に対して、**不**《ふ》**況**《きょう》ともいいます。

では、消費税は景気にどのような影響《えいきょう》をあたえるでしょうか。消費税は商品・サービスの総額に反映されるので、いっぽんには税率を引き上げると、消費者のモノを買おうという意欲を失わせ、景気を悪化させると考えられています。

たとえば、定価４６００円のセーターは、消費税率が８％のときには、３６８円の消費税分がかかっていたので、みなさんはお店に４９６８円をはらっていました。しかし、10％に引き上げられたことで、消費税分も４６０円に増え、お店に５０６０円をはらうことになりました。

消費者の心理はさまざまです。92円のちがいとはいえ、４千円台から5千円台になったため、すごく値上がりしたように感じる人もいたでしょう。

買い控《びか》えが広がると、企業の利益が減り、個人の収入も増えません。こうして不景気になると、国の税収も減ってしまいます。消費税が入ったとしても、法人税や所得税による税収が落ちこんでしまうのです。

■消費税の景気への影響は？

実際に、消費税が導入されたとき、税率が引き上げられたときの景気はどうだったでしょうか。

景気の良し悪《あ》しを示す指数として、GDP《ジーディーピー》（国内総生産）があります。日本全体でどれくらいモノ（財・サービス）を生産したかをあらわす指数です。

下のグラフを見てください。１９８９年に消費税が導入されたときも、１９９７年に３％から５％に税率が上がったときも、２０１４年に８％に引き上げられたときも、ＧＤＰは下がり、景気が悪化していることがわかります。

消費税率の引き上げが原因で、退陣に追いこまれた内閣もあります。１９９７年、橋本龍太郎《はしもとりゅうたろう》首相（当時）のもとで、消費税率が３％から５％に引き上げられました。直後、景気がいちじるしく低迷し、翌年《よくとし》の選挙で橋本首相が率いる与党《よとう》・自民党は大敗。橋本首相は辞任に追いこまれ、状況《じょうきょう》を見あや

日本のGDP成長率

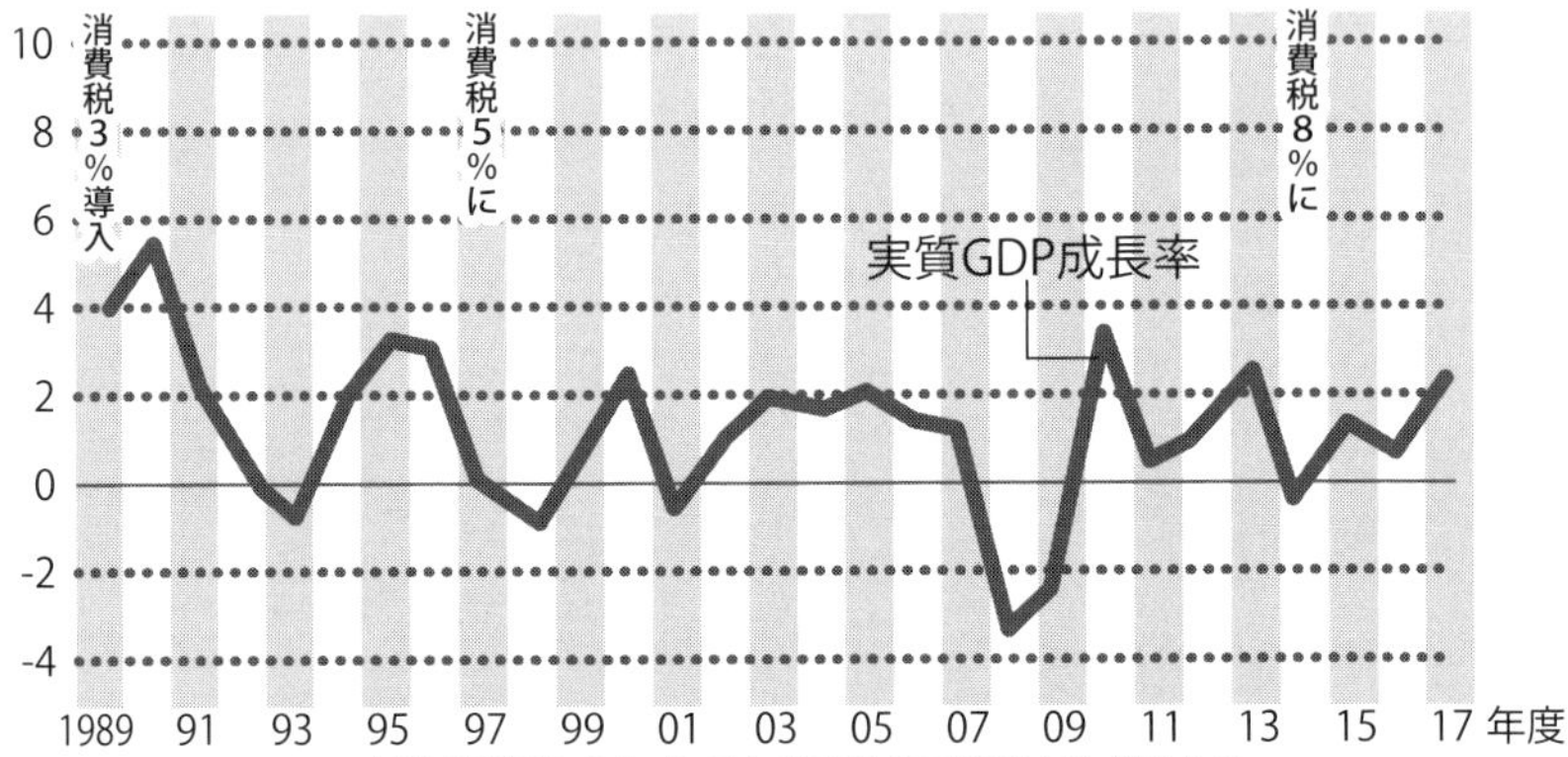

※内閣府資料から作成、7年度の前後で推計方法が異なる

まったとして謝罪しています

こうした反省もあって、2019年10月に8％から10％に引き上げられたとき、政府はさまざまな景気下支え策を講じました。期間限定ながら、自動車や住宅を購入《こうにゅう》する人には税負担を軽くしたり、**キャッシュレス決済**をした人（カードやスマートフォンのアプリなどで商品を買った人）には、最大で5％分をポイントとして還元《かんげん》したりしたのです。しかし、これには税の専門家からさまざまな批判が上がりました。

❹ お店から見た消費税の問題

■消費税をはらわないお店

消費税の流れを復習しましょう。

私たちは商品やサービスを購入《こうにゅう》したとき、その代金の一部として消費税をお店にはらいます。お店は預かった消費税を、あとでまとめて国（税務署）に納めます。ところが、お店が消費税を納めていないケースがあるのです。

ひとつは、売り上げが少ないお店です。

消費税は、お店が自分たちの売上げといっしょに、いくら納めるのかを税務署に申告してしはらわれます。しかし、この売上げが少ないお店（売上げが1000万円以下）は、消費税をしはらわなくてもよいことになっています。

これを「納税義務の免除《めんじょ》」といいます。税を納めるための仕事の量が多いので、小さなお店では大きな負担になってしまうと考えられるからです。

もうひとつは、売上げを事業に使ってしまったお店です。

お店は消費税を年に一度、まとめて納める決まりになっています。しかし、経営のためのお金が十分にないお店は、消費税をお店のために使ってしまい、国にはらえなくなってしまうことがよくあります。これはもちろん違法で、消費税だけでなく、**延滞税《えんたいぜい》**という税金も追加ではらわなければなりません。

■消費税で損をする会社

以上を読んで、「消費税を納めていないとは、とんでもない!」と怒《いか》った人もいるのではないでしょうか。私たち消費者はお店に消費税分をはらっているわけですから、理解できます。

しかし、消費税をはらえない会社は、売り上げの小さい中小業者が多く、消費税の最大の被害者《ひがいしゃ》といえるかもしれません。税率引き上げは、中小業者にしわ寄せがいっているからです。

消費税の税率が上がると、その分、商品の販売《はんばい》価格も上げなければなりません。これまで何度も説明してきたように、税率が8%のときに1080円だった商品は、10%に引き上げられると、1100円になったというぐあいです。

ところが、大企業に部品や材料を売っている中小の業者は、簡単に価格を上げることができません。消費税を商品価格に転嫁《てんか》しづらいのです。なぜなら、部品や材料の価格を上げると、取引先の大企業が安い価格で売っている同業他社に乗りかえるかもしれないからです。それを恐《おそ》れて、商品の値段を据《す》え置かざるをえないというわけです。

そうすると、本来なら商品の値段を上げて納めるはずの消費税を、中小企業は自腹ではらうことになります。それだけではありません。商品を製造するために仕入れていた部品も、消費税が上がることで値上がりするので、二重の負担がかかることになります。

その結果、会社の利益が減り、消費税の納税がますます困難になる、という悪循環《あくじゅんかん》におちいってしまうのです。

■中小企業を守る

このような「しわ寄せ」が中小の業者におよばないよう、ある法律が制定されました。2014年、8%に引き上げられたとき、税率を上げるときに**価格転嫁カルテル**を結ぶことが法律で認められたのです。カルテルとは、複数の企業が自分たちの利益を守るため、商品の値段や生産量などをひそかに話し合って決めることです。こうした行為は競争がなくなり、消費者の不利益になるため、独占禁止法《どくせんきんしほう》で厳しく禁止されています。

ところが、消費税率アップのときには、例外的に認めることになったのです。いや、むしろ薦《すす》められるようになったのでした。価格転嫁カルテルとは、同じ業種の会社がいっせいに値上げをする約束をすることです。すべての会社が同時に消費税率分を値上げすることで、不毛な値下げ競争に走ることなく、利益を守ることができるというわけです。

ただし、大企業だけが集まるカルテルには適用されません。中小企業が大半を占《し》めていることが条件です。

❺「非課税」というフクザツな問題

■お医者さんが被害《ひがい》者?

消費税がかからないことを、**非課税**といいます。

第1章で、消費税がかからない商品やサービスを紹介《しょうかい》しました。「消費税がかからないってことは、税率を0パーセントにすればいいだけでしょ」と思うかもしれません。しかし、そう単純な話ではないのです。

みなさんの生活に身近な非課税のもの、医療《いりょう》費を見ていきましょう。医者にはらう診察《しんさつ》料や薬代には、消費税がかかりません。私たちの家計には助かりますが、医者の立場になるとどうでしょう。

医者や病院は、注射針やレントゲン機器などの医療機器などを専門の会社から買っています。病室を広くしたり、病院を耐震《たいしん》構造に改修したりするときには、建設会社に依頼します。医療機器の会社にも建設会社にも、消費税をつけた金額をしはらわなければなりません。

本来なら、これらの会社にはらった消費税分の金額を、患者《かんじゃ》がはらう診察料に上乗せすればよいでしょう。しかし、医療費は非課税なので、患者に消費税分を請求《せいきゅう》することができません。その結果、医者や病院が消費税分を負担しなければならない、ということになっているのです。

■さまざまな対策

世界の国々は、こういったことが起こらないように、さまざまな対策を講じています。

たとえば、消費者からもらえなかった消費税分を、国や自治体が代わりに病院にはらうという国もあります。こういった消費税を返金する（還付する）やり方を**ゼロ税率**といいます。

日本でも、輸出品はゼロ税率です。どういうことなのか、海外輸出が多い自動車を例にあげましょう。

日本の自動車会社は、輸出先の国の自動車会社と競争しなければなりません。このとき、日本の自動車に消費税をつけると、その分だけ価格が高くなり、日本車は不利になってしまいます。現地や他国のライバル会社との競争に負け

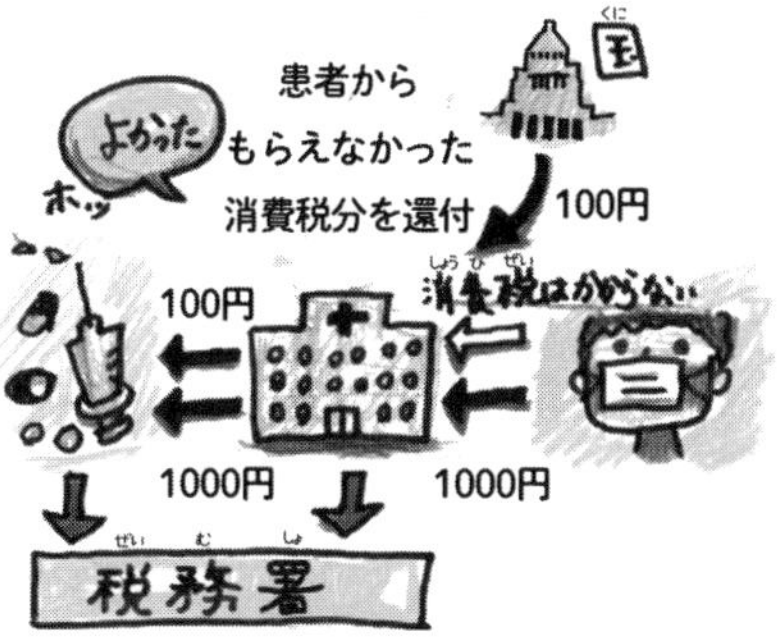

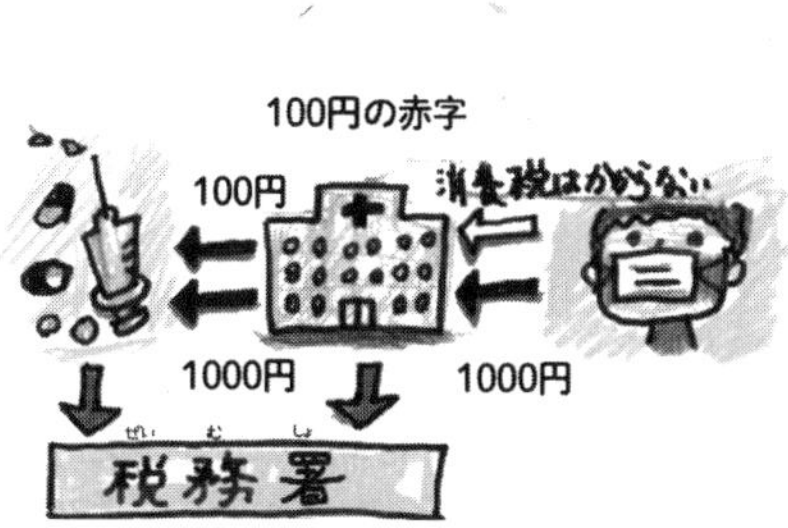

てしまいます。こうした事情に配慮《はいりょ》して、輸出品はゼロ税率にして、消費税の還付《かんぷ》をおこなっているのです。ただ、その還付金額があまりに多いため、自動車会社をはじめとする輸出企業を優遇《ゆうぐう》し過ぎているという批判もあります。

ゼロ税率は**免税**《めんぜい》ともいい、少しわかりにくいですが、医療費や土地の売買に消費税がかからない非課税とは区別されます。

■みなさんなら、どう変えていく?

これまで消費税のしくみや実態を、さまざまな角度から見てきました。

日本と同じく、多くの先進国では働く人がどんどん減っています。給料に税金をかけるだけでは、国の財政がもたないという理由で、どの国でもさまざまな試みがなされています。ただ、どの国のどんな人であれ、モノを買わずに生活することはできないので、そこに課税する消費税をどうするのかは、国の経済政策の根幹にかかわります。

日本では、2人以上の勤労者世帯の月の消費支出は30万円を超えています。そのため、税をかける対象や税率しだいでは、消費税は相当な額になります。消費税は税の主役、国の財政を支える柱といっても過言ではないでしょう。いっぽう、消費税にはこれまで見てきたようにさまざまな問題点もあります。それを克服《こくふく》するため、改善するための工夫《くふう》も生み出されています。

税金をどんなものにするのか、だれがどう税金を納めるのかは、国や社会のあり方をどうするかという問題と深くかかわっていますが、とくに消費税にはそのことが強くあらわれています。

みなさんが買いものをしたとき、受け取ったレシートには、消費税分の金額が記載《きさい》されていることでしょう。

このお金がどこにどう使われているのか、私たちの暮らしの役に立っているのか。

消費税の行方《ゆくえ》を考えてみませんか。

第4部

税の歴史と海外の税制度

歯医者さんに行った帰り、
ジュースを買おうとした。
ところが、自動販売機《じどうはんばいき》にお金をいれても出てこない。
えっ、いつものジュースが
10円高くなっている!

ジュースを飲めないまま、帰ってママに話した。
ママは、はっとして、
「税金が上がったのを忘れてたわ」といった。

「ゼイキン? そういえばニュースで
ショウヒゼイが上がるっていってたっけ」
ぼくには関係ないと思ってたし、
できればゼイキンなんてないほうがいいのに。

だって、ゼイキンって、「イヤな」感じがするんだもん。

たとえば、昔のお百姓《ひゃくしょう》さんが、
お殿《との》さまに年貢《ねんぐ》をとられるとか。
王さまや貴族がぜいたくをするために、
ムチをふってとりたてるとか。

ママにそう話すと、
「そんなことないよ。
歯医者さんにみてもらっても、500円ですんだでしょ。
ほんとうはもっとかかっているけれど、
残りの分は、みんなの税金からしはらわれてるのよ」
と教えてくれた。

「えー、そうなの?」
「それに、いまの税と昔の年貢は、
ぜんぜんちがうものなのよ」

ふーん、いったいなにがちがうのかな。

第1章　税のしくみはいつ確立されたの？

❶「税」のようなものの誕生

税はいつ生まれ、いつ現在のようなカタチになったのでしょうか。世界の国々の税のしくみは、どうなっているのでしょう。この第4部では、税の歴史と海外の税制度のしくみを見ていきます。

■大昔の人々の暮らし

人類が生まれたのは、いまから約700万年前と考えられています。ただ、私たちの直接の祖先ではありません。現代人とほぼ同じ骨格をもった**新人（ホモ・サピエンス）**があらわれたのは、約20万年前のことです。

新人は知能が高く、道具を使いこなすようになりました。石を打ち欠いた石器（打製石器）をつくり、木の実や野草をとるだけでなく、動物を狩《か》ったり魚をとったりするようになったのです。

1万年前くらいになると、私たちの祖先は石を磨《みが》いてつくった石器（磨製《ませい》石器）を使うようになりました。さらに食料を保存するための土器も開発しました。狩猟《しゅりょう》と採集だけでなく、やがて羊や牛などの家畜を飼い育てるようになり、大きな川の流域では米や麦などの作物を栽培《さいばい》するようになったのです。

牧畜や農耕により食料がたくわえられるのと同時に、人口も大きく増え、人々は同じ場所に住みついて共同体をつくるようになりました。そして、人々のあいだに**貧富の差**が生まれ、共同体のあいだにもたくわえの差が生じるようになったのです。多くの共同体をたばねる国が誕生し、大きな国を指揮《しき》する権力者は「王」とよばれるようになりました。**文明の誕生**です。

■税のようなものの誕生

文明の誕生とともに、税のようなものが生まれました。「のようなもの」と記したのは、いまの税制度とは大きく異なるからです。

権力者の王は、自分の権威《けんい》を高めたり、ほかの国と戦ったりするために必要な費用や労力を、人々から強制的にとり立てました。この強制的なとり立てが、税のはじまりと考えられています。古代国家では、「土地や国は王のものである」「民は王に守られるもの」という考えがあたりまえでした。そのもとでは、民衆にとっての税は「とられる」ものであり、自分たちで税について決めることなどできなかったのです。

なにを納めるかという点でも、古代の税は現在とちがいます。

人々が税として納めていたのは、お金ではありませんでした。貨幣《かへい》制度がまだ発達していなかったので、人々は収穫《しゅうかく》した穀物《こくもつ》や編んだ布、その土地でしかとれない物品などを納めていたのです。

もうひとつのちがいは、直接的な労働の提供です。宮殿や道路、橋などをつくるためには、働き手が必要です。人々は**労役**、すなわち働くという行為《こうい》を税として差し出すことが義務づけられていたのです。

■ピラミッドは公共事業?

古代のエジプト文明を例に挙げましょう。

エジプト文明は、約3500年前にナイル川の流域に発達しました。王（ファラオ）は神とあがめられ、石造りの巨《きょ》大《だい》な宮殿《きゅうでん》に住み、亡くなるとピラミッドに葬《ほうむ》られたと考えられています。

もっとも大きいクフ王のピラミッドは、高さ146m、底辺（1辺）約230m。高さは、現代の40階建てのビルに匹《ひっ》敵《てき》します。

ブルドーザーなど重機がない時代に、よく造れたものだと感心するばかりですが、実際、少なく見積もっても、毎日5千人が働いて20年以上かかったと推測されています。とてつもない量の労役という税がとられたことになるわけで

す。ただし、ピラミットの建造については、別の説も出ています。王の権威のためではなく、農業ができない時期に人々に仕事を提供するために造らせたという説です。王は労働の対価として、食料や飲みものをあたえたというのですから、そうだとしたら、いまの公共事業のようなものですね。

いずれにせよ、たくさんの労役という税が投入されたことは疑いありません。

■「ローマの道」も税から

ローマ帝国の税制についてもふれておきましょう。

ローマ帝国は紀元前1世紀に勢力を広げ、4世紀末に東西に分裂《ぶんれつ》するまで、ヨーロッパの広い領域を支配していました。「すべての道はローマに通じる」という言葉があるくらいです。

このローマ帝国を支えていたのも労役です。周辺地域から捕虜《ほりょ》として連行した人々を奴隷としてあつかい、かれらにさまざまな労働を強《し》いました。奴隷たちは「ものをいう道具」ともよばれていたようです。ただし、鎖《くさり》にしばられていたわけでなく、市民として自由な行動も許されていました。

ローマ帝国は支配地域に帝国の権威を示すため、こうした労役という税を使って、道路や橋、競技場、浴場などを各地に建設していったのです。もちろん労役だけでは足りません。物資を集める費用として、たくさんの税が必要になります。そこで、税を集める権利を入札で決め、その権利を得た者はいくらでも高い税をとるようなしくみも導入されました。労役を含めた、こうした税のしくみが社会を支えていたのです。

古代中国も、同じです。

中国をはじめて統一した始皇帝《しこうてい》は、「万里の長城」を建造したことで知られています。北方からの敵の侵入《しんにゅう》を防ぐのが目的でしたが、ここでも農民の労役が使われたのです。その後に成立した王朝で律令《りつりょう》制度が確立されると、労役は税として制度化されました。

このしくみは日本にも伝えられ、奈良時代に租《そ》・庸《よう》・調《ちょう》の税制度とともに採用されました。日本のくわしい税のしくみは、次に説明します。

❷ 日本の「税」のようなものの誕生

■大昔の日本人の暮らし

まずは、先史時代の日本の人々の暮らしを見ていきましょう。

先史時代とは、文字による史料がない時代のことです。この時代の人々は、**ムラ**という小さな共同体をつくり、シカやイノシシなどの動物を狩ったり、森で木の実を集めたりして

生活していました。畑や田んぼができる前の時代です。日本でこうした狩猟《しゅりょう》採集中心の生活が営まれていたのは、いまから1万2000年〜4000年前。史料は残っていませんが、発掘《はっくつ》調査や技術の進歩で多くのことがわかっています。

この時代の人々は食料をひとり占《じ》めするのではなく、みんなのために貯蔵庫《ちょぞうこ》に木の実をたくわえたり、肉や貝を燻製《くんせい》にして保存食をつくったりしていたようです。**「みんなで使うものを集める」「みんなのためにたくわえる」**という点では、これも税の一種といえるかもしれません。

ただ、大きな富を生み出せるほどの生産力はなく、だれか一人に富が集中することもありませんでした。みんな平等に暮らしていたのです。縄目模様《なわめもよう》の土器が使われていたことから、この時代を**縄文《じょうもん》時代**といいます。

■卑弥呼《ひみこ》も税をとった？

時代はすすみ、狩《か》りをして暮らしていた人々は、畑や田んぼで作物を育てはじめます。大陸から稲作の技術が伝わり、たくさんの食料をたくわえられるようになったことで、人口も急激に増えました。このころを**弥生《やよい》時代**といいます。東京都の弥生町からこの時代の薄手《うすで》のかたい土器が発見されたことで命名されました。

やがて人々のあいだに貧富の差が生まれるとともに、**クニ**（国）も形成されました。こうした流れは、前述した世界の文明の誕生と同じです。

日本の税が史料にはじめて登場するのは、みなさんご存じの**邪馬台国《やまたいこく》**です。中国の歴史書『魏志《ぎし》』

の倭人伝《わじんでん》に、3世紀なかば、邪馬台国の卑弥呼という女王が対立していた30あまりの国々を鬼道《きどう》（お呪《まじな》いのようなもの）によって統治していたと記されています。邪馬台国がどこにあったのか、論争が起こっているのも知っているでしょう。

この倭人伝に「租賦《そふ》を収《おさ》むに邸閣《ていかく》あり」という記述があるのです。「**税を徴収《ちょうしゅう》し、それを収める倉庫があった**」という意味です。税の具体的な中身は書かれていませんが、食料や織物などが高床の倉庫に収められてたのではないか、と考えられています。

また、身分の差もあり、「生口《せいこう》」とよばれる奴隷《どれい》もいたと記されています。

❸ 中国伝来、本格的な税制度の確立

■かなり重かった税の負担

税のしくみは、歴史の転換《てんかん》期に大きくかかわっていきます。そのときどきの支配者・政権が、どれだけ税を効率的に集められるかによって、権力を守れるかどうかが決まりました。また権力者には、時代の経済の状況《じょうきょう》にあった集め方が求められました。税と権力とは、切っても切れない関係にあったのです。

日本で本格的な税のしくみが確立されたのは、8世紀はじめのことです。701年、中国の制度を手本に、**大宝律令《たいほうりつりょう》**が制定されました。これによって、国の役所のしくみが整えられ、都にたくさ

んの税が集められるようになったのです。なお、このころまでは、土地も人民もすべて国家のもの、つまり天皇のものでした。これを**公地公民**といいます

では、税のしくみについて具体的に見ていきましょう。

律令制度のもと、人々は6年ごとにつくる戸籍《こせき》に登録されました。満6歳《さい》以上の男女に口分田《くぶんでん》という土地があたえられ、**租《そ》・庸《よう》・調《ちょう》**という税がかせられたのです。口分田は一代限りで、もち主が亡くなると、国に返す決まりになっていました。これを班田収授《はんでんしゅうじゅ》の法といいます。なお、租は収穫《しゅうかく》した稲の3%、調は絹・綿・布などの特産物、庸は麻布などです。おもに成人の男性にかせられました。

現在の消費税率と比べると、3%という租の税率はわずかに思えるかもしれません。しかし、調・庸は自分たちで都まで運ばなければならず、とりわけ地方に住む人々にとっては非常に重い負担だったのです。これにくわえて、**労役**という土木工事などの労働や兵役もかせられました。この労役のほうがより厳しかったとも考えられて

います。

　こうして、人々に一定の土地をあたえ、その土地からの収穫《しゅうかく》を税として納めるしくみが完成したのです。前述したとおり、中国の律令制度を手本にしたものです。

■土地は貴族と寺社のものに

　ところが、せっかく口分田という土地があたえられたのに、それを捨てて、ほかの土地に逃亡《とうぼう》しようとする農民があいつぎました。労役を含む重い税負担に耐えられなくなったのでした。

　逃げた人の分の税は、近隣《きんりん》の家が3年間納める決まりになっていましたが、あまりに過酷《かこく》な負担の場合には、村ごと逃亡するということもあったようです。こうなると、田は荒《あ》れはてるばかりで、税も集まりません。

　743年、困った朝廷《ちょうてい》は**墾田永年私財法《こんでんえいねんしざいほう》**という法令を出しました。奈良時代なかばのことです。

　朝廷は、自分たちで新たに開墾《かいこん》した土地であれば、開墾した者が永久に所有できるように改めたのです。朝廷が土

地と人民を支配するという、それまでの公地公民の制度からの大きな転換でした。

これによって、土地の所有者が大きく変わりました。自分の耕地をもつ自作農が増えたのでしょうか。そう思えそうですね。

ところが、新たに開墾しようとした農民はわずかでした。自分で荒れ地を開墾できる財力をもっている農民は少なく、開墾できたのは財力のある都の貴族や地方の豪族《ごうぞく》、そして寺社だったのです。かれらは貧しい農民たちを使って、私有地を広げていったのでした。

こうして開墾された土地は、のちの平安時代には**荘園**《しょうえん》とよばれるようになります。

■貴族の時代から武士の時代へ

奈良時代と平安時代は貴族の時代でした。

農民は、貴族や寺社が所有する荘園の領主に、**年貢**《ねんぐ》（米や特産品）や**夫役**《ぶやく》（労役のこと）という形で税を納めました。貴族のなかでも、朝廷の重職について栄華をほこったのが、藤原《ふじわら》氏です。10～11世紀、藤原道長《みちなが》・頼通《よりみち》父子の時代に全盛期をむかえました。藤原氏の収入の多くは、荘園からのとり立てでした。農民からの税収といってよいかもしれません。農民たちは荘園領主に年貢や夫役などを納めていたからです。荘園領主は地方の豪族が務めていました。

平安時代後期になると**武士**が台頭し、次の鎌倉《かまくら》時代以降は武士の時代がつづきます。なぜ、武士が力をもつようになったのでしょう。武士が土地を守る用心棒として、貴族から重宝されたからです。荘園領主が武士の起こりともいわれます。やがて武士は武士団という集団をつくり、各地で起こったさまざまな反乱をおさえ、天皇からもとり立てられるようになりました。

この武士団のなかから台頭したのが、平氏《へいし》と源氏《げんじ》です。平氏のボス（棟梁《とうりょう》）だった平清盛《たいらのきよもり》は朝廷の高い位（太政大臣《だいじょうだいじん》）につき、その後、源平合戦で平氏をほろぼした源氏の源頼朝《みなもとのよりとも》は武士としてははじめての政権を打ちたてました。

12世紀の終わり、**鎌倉幕府**の誕生です。

■農民たちのさまざまな抵抗《ていこう》

鎌倉時代になると、かんがい技術の進歩や肥料の改良、二毛作の普及《ふきゅう》などで、農業生産は増大しました。しかし、農民の暮らしは改善されませんでした。**領主**と幕府から派遣《はけん》された**地頭**《じとう》という役人とによって、二重に税をとられたからです。いまとちがって、税をはらわないことは命にかかわることでした。それでも、重い税から逃《のが》れようと、農民たちはさまざまな抵抗を試みました。

その爪《つめ》あとが、残されています。紀伊《きい》国（現在の和歌山県）の百姓《ひゃくしょう》の訴状《そじょう》です。百姓たちは、地頭の横暴を領主に訴《うった》えたのでした。

「地頭は『おれらの土地に麦をまいて育てないと、女子どもの耳を切り落として鼻をそぐぞ』と脅《おど》します。さまざまな仕事を要求するので、領主に納める材木を切り出せません……」（原文はすべてカタカナでした）

税のとり立ての厳しさ、ひどさがわかります。

室町時代にかけては、農民が村ごとの結束を強め、領主に年貢の交渉《こうしょう》をおこなうようになりました。とくに不作だったり、年貢の値上げのときなどに訴えは急増しました。室町時代後半になると、農民が武装蜂起《ほうき》し、高利貸しの業者（土倉《どそう》・酒屋など）や寺院をおそうという動きが広がりました。これを**土一揆《どいっき》**といいます。

このころになると、領主（守護大名）どうしの争いも激しさを増し、やがて下剋上《げこくじょう》の戦国時代へと突入《とつにゅう》していきました。

❹ 秀吉の変革とその限界

■「太閤《たいこう》」さんの税制改革

戦国時代の後半（安土桃山《あづちももやま》時代）に、土地の支配のしくみが大きく変わります。織田信長《おだのぶなが》のあとを継いだ**豊臣秀吉《とよとみひでよし》**が、新たな税のしくみをつくったのです。

秀吉は、支配地域の田畑の面積やその良し悪《あ》しを調べました。そして、田畑のもち主の名前と予想される生産量（石高《こくだか》）を検地帳に記録させたのです。百姓《ひゃくしょう》から確実に税を徴収《ちょうしゅう》するためでした。これを**太閤検地《たいこうけんち》**といいます。

検地帳は村ごとにつくられ、登録された農民たちが連帯で責任を負う決まりになっていました。これを村請制《むらうけせい》といいます。こうした秀吉の「税制改革」によって、奈良時代以降つづいてきた荘園《しょうえん》制度が完全にくずれました。

また秀吉は、農民たちから弓・やり・鉄砲《てっぽう》などの武器をとり上げました。農民たちの一揆《いっき》を防ぐためです。これを**刀狩**《かたながり》といいます。

こうして、秀吉は農民の力を削《そ》ぎながら、税を安定して集めるしくみをつくったのでした。江戸時代になっても、太閤検地のしくみは引き継がれました。**石高**という米の収穫を基準にした納税のしくみがつづいたのです。民衆は領国（藩《はん》）を治める大名（藩主）に税を納めました。江戸幕府は武家諸法度《ぶけしょはっと》という全国の藩を統制する法律を制定し、間接的に民衆を支配したのです。このしくみを**幕藩体制**《ばくはん》といいます。

■年貢米による税徴収の限界

江戸時代を振り返るとき、厳しい身分制による封建《ほうけん》的な時代だったという見方もあれば、戦乱のなかった平和な時代だったという見方もあります。

農民たちの暮らしについても、二つの見方があります。

ひとつは、厳しい年貢のとり立てに苦しめられていたという見方です。**五人組**という相互監視《そうごかんし》制度がつくられ、だれかが年貢を納めないと、村の農民たちは連帯責任をとらされました。

もうひとつは、農民の暮らし向きは良くなっていたという見方です。農具の開発・改良による生産力の向上、商品作物（木綿・菜種《なたね》・茶など）の栽培《さいばい》の増加などで、豊かになったという見方です。

幕府が農民に向けて、「お酒を飲むな、たばこを吸うな、よい服を着るな、農作業に励《はげ》め」といっ

た命令（御触書《おふれがき》）を出したことが知られています。これも、幕府の統制が厳しかったと解釈される

いっぽう、命令書を出すくらいに農民はそこそこぜいたくしていたとも解釈されるのです。ただ、「農民の抵抗」（126ページ）で紹介《しょうかい》したように、**村方騒動《むらかたそうどう》**や**百姓一揆《ひゃくしょういっき》**が頻発《ひんぱつ》していたことは事実で、多くの農民が不平等なあつかいに不満をもっていたことは疑いないでしょう。

いずれにせよ、時代がすすむにつれ、米の収穫《しゅうかく》量は増えつづけ、商業や工業も発達しました。同時に、江戸・京都・大阪の三都を中心に都市が成長し、それにともない、幕府と藩の支出も増えていきました。これを支えていたのも、また税です。年貢米という税を納める農民たちが、都市の成長や幕府・藩の財政を支えていたのです。

ところが、江戸時代のなかばから、年貢米による収入がどんどん下がっていきました。米の収穫量が増えすぎて、米の値段が下がってしまったからです。そのため幕府も藩も、慢性《まんせい》的な財政難におちいったのでした。米を基準に税を取る方法では、安定した政治をおこなうことができなくなっていたのです。

次の明治時代になると、根本から税のしくみを見直すことになります（つづきは137ページ）。

農民の抵抗　重税なんかに負けない！

《連判状で団結！》

江戸時代、庄屋《しょうや》という役人が村を仕切っていました。農民のだれにどれだけ年貢《ねんぐ》を割りつけるのかも決めていたのです。しかし、なかには年貢をふところに入れたり、農民に多く割りつけたりする者もいて、争いに発展することもありました。この庄屋と農民の争いを**村方騒動**《むらかたそうどう》といいます。

右の写真は、ある村の農民の連判状です。村の運営方法の見直しを求め、農民が署名《しょめい》したのでした。傘《かさ》のかたちに見えるので、**傘連判状**とよばれます。なぜ、このような円形に書いたのでしょう。

みんなの結束を高めるため、首謀者《しゅぼうしゃ》（リーダー）がだれかわからないようにするため、などと考えられています。

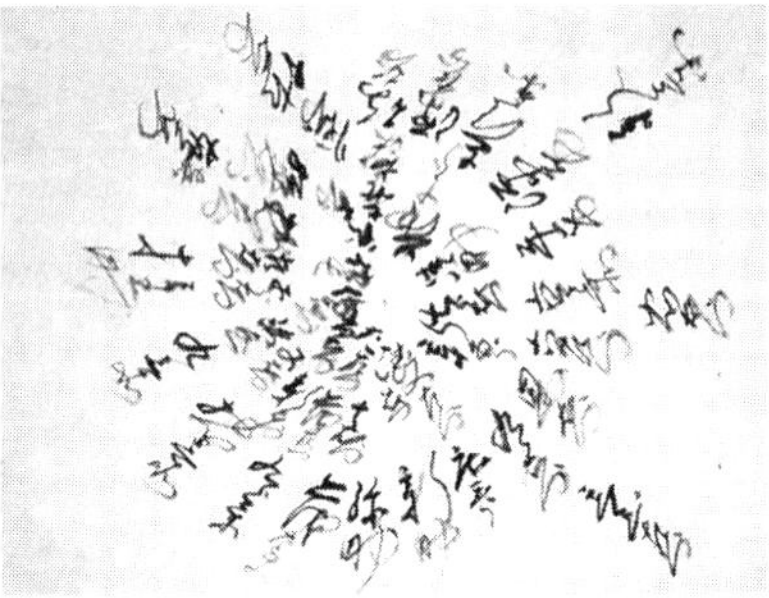

「今市村小前一味連判状」：片岡博行所蔵／福井県文書館保管

《村をあげて立ち上がろう！》

江戸時代中期になると、力をつけた農民が鍬《くわ》やかまを手に蜂起《ほうき》することも増えました。これを**百姓一揆**《ひゃくしょういっき》といいます。都市でも、町人が酒屋や米商人をおそうできごとが急増しました。これを**打ちこわし**といいます。

百姓一揆は、幕府が年貢を上げた18世紀前半に頻発《ひんぱつ》しています。1754年に美濃《みの》国（現在の岐阜県）で起こった**郡上一揆**《ぐじょういっき》では、年貢引き上げを目的とした土地調査の中止を求め、約1000人もの農民が城下におしかけました。4年にわたって争った結果、部分的ではあったものの、農民の要求が受け入れられたのです。一揆の首謀者は見つかると、多くは死罪に処されたため、農民たちは文字どおり「命がけ」でした。

第2章　とられる税から私たちの税へ

❶ イギリス──「市民の税」への変化

■**市民が起こした革命**

日本の江戸時代から、世界に目を移しましょう。

17～18世紀、ヨーロッパは大きな転換《てんかん》期にありました。それまで国家は「王のもの」とされていましたが、イギリスで起こった革命を機に「**市民のもの**」という考え方が広がったのです。それにともない、税に対する考え方も変化していきました。

当時、**イギリス**はスペインなどとの戦争に明け暮れていました。戦争に使う武器や船などの建造にお金がたくさんかかるため、イギリス国王は貴族たちから税金を集める必要があります。それには、貴族が集まる議会で承認を得なければなりません。

しかし国王は議会の反対を無視して、高い税金をかけようとしました。1628年、議会はこれに反発し、「議会の同意なしに、勝手に税金をかけないこと」などを国王に誓《ちか》わせたのです。これを「**権利の請願《せいがん》**」といいます。

当初、国王はしぶしぶ応じましたが、しばらくすると約束を反故《ほご》にし、議会を解散して、新しい税を無断でつくりました。さらにそのうち、別の戦争の費用を集めるために、国王はふたたび議会を開きました。

しかし、議会は新税に反発し、怒《いか》った国王と議会のあいだで戦いがはじまったのです。これに議会軍が勝利を収め、イギリスは国王がいない国になりました。これを**清教徒《せいきょうと》革命（ピューリタン革命）**といいます。

周辺国のフランスやスペインの王は、自国に飛び火することをおそれました。イギリス国王の子に力を貸し、ふたたび王政を復活させたのです。そこでイギリスの国民は、フランスやスペインと敵対していたオランダに助けを求めました。応じたオランダ軍はイギリスに侵攻《しんこう》し、国王を追い出しました。これを**名誉《めいよ》革命**といいます。

その後、イギリス国民は理解のある新しい国王を即位《そくい》させ、議会は１６８９年に国王が守るべき規範《きはん》をつくりました。これを「**権利の章典《しょうてん》**」といいます。こうして、議会が国王の権力を制限するしくみができました。「国王は議会の

１６８８年、オランダ軍がイギリスへせめこむ場面が描かれています。軍艦にかかる費用が戦費を押し上げていました。

同意なしに課税しない」という約束が交《か》わされ、現代につながる「税のあり方」のもとが生まれたのです。

■市民が必要と考え負担する

当時、イギリス以外の国ではまだ、「税は、国家が市民の生命と財産を守るために必要な費用の対価だ」という考えが主流でした。

この「国家」は、だれのものなのでしょう。

イギリスの市民革命をきっかけに、ヨーロッパ各地に「国家は国王のものではなく、市民のものである」という考え方が少しずつ浸透《しんとう》していきました。この考えは、当時の思想家が唱えた「自由で平等な個人が国家と契約《けいやく》し、そこで自分たちの生命と財産を守る」という**社会契約説**《けいやく》を論拠《ろんきょ》にしています。

これを成り立たせるための費用が、税です。こうして、税に対する考え方も、同時に変わっていきました。「支配者や一部の権力者が強制的にとり立てるもの」という考えから、「市民が必要だと考えて負担するもの」という考えに変化したのです。

イギリスで起こった市民革命は、税に対する考え方の転換点にもなったのでした。

❷ アメリカ合衆国——母国がかけた税に怒った！

■勝手に税をかけるな！

次は、同じころのアメリカ大陸に目を向けましょう。

18世紀なかばまで、**アメリカ**はイギリスの**植民地**でした。植民地アメリカの人々は税をめぐるイギリスとの戦いを通して、市民の権利が守られないときには政府に抵抗《ていこう》できるという権利を獲得《かくとく》したのです。

時代をもどすと、16世紀初頭、コロンブスによってアメリカ大陸の存在がヨーロッパに知られました。南北の大陸のうち、北アメリカ大陸に多く移住してきたのが、イギリス人とフランス人です。かれらは先住民のネイティブ・アメリカン（俗にインディアンとよばれる）が住んでいた土地をうばい、開拓《かいたく》していきました。こうして、アメリカ大陸はヨーロッパの植民地になったのです。

イギリスとフランスは、たびたび戦争をしていました。犬猿《けんえん》の仲だった両国は、アメリカ大陸でも植民地をうばい合ったのです。戦争にはたくさんの費用がかかるため、税の徴収《ちょうしゅう》が必要になってきます。そこでイギリスは、植民地アメリカの人々にも負担させようと考えました。そのために**印紙法**という法律を制定し、新聞や出版物、さらにはトランプにまで印紙を貼《は》らせて、印紙代として税金をとり立てたのです。

これに対し、植民地アメリカの人々は「イギリスの議会には植民地の代表がひとりもいない。代表がいないのに勝手に税金をかけるのはおかしい」と憤《いきどお》りました。

こうした異議申し立てによって印紙法は撤廃《てっぱい》されましたが、その後、お酒や紙、ガラス、お茶などに新たな税がかけられようとしました。ふたたび植民地アメリカの人々は抵抗し、その大部分をやめさせましたが、お茶への関税だけが残ったのです。

■代表なくして課税なし

そんななか、1773年に**ボストン茶会事件**（132ページ）が起こります。これによって、本国イギリスと植民地アメリカの対立は決定的なものになりました。

アメリカでは13の植民地の代表が集まって会議を開き、本国イギリスに、自治を尊重するよう強く抗議《こうぎ》しました。しかし、対立は解消されず、アメリカの代表者たちのあいだで、しだいに本国イギリスからの独立をめざす声が強まっていったのです。

そして1775年、ついにイギリスとのあいだで戦争（**アメリカ独立戦争**）がはじまりました。このとき、先述した「**代表なくして課税なし**」という言葉がスローガンになりました。アメリカ軍の総司令官を務めたのは、のちに初代大統領となるジョージ・ワシントンです。7年におよんだ戦いの末、アメリカが勝利し、イギリス本国からの独立を勝ちとりました。戦争中の1776年に出された「**アメリカ独立宣言**」（部分要約）を見てみましょう。

我々は次のことが自明の真理だと信じる。すべての人は平等につくられ、一定の基本的な権利をあたえられているということを。そこには生命、自由、幸福の追求が含まれている。これ

歴史的事件　お茶をにごすな、投げすてろ！

■優雅《ゆうが》なボストンでのお茶会？■

本文でふれたように、1773 年 12 月に起こった「**ボストン茶会事件**」が**アメリカ独立戦争**の引き金になりました。

「ボストンで茶会だなんて、優雅だなあ～」と思ったかもしれません。しかし、合衆国の歴史を語るときに欠かせない大事件なのです。

右の絵は事件のようすを描《えが》いたものです。お茶を船から投げすてる植民地の人々のすがたが見られます。どんな事件なのでしょうか。

ボストン茶会事件のようす

■怒《いか》り心頭、海に投げすてろ！■

お茶がヨーロッパで普及《ふきゅう》したのは、17 世紀のことです。もともと中国で緑茶として飲まれていましたが、ヨーロッパに伝わり、発酵《はっこう》させた**紅茶**がイギリスで人気になったのでした。

当時、お茶（茶葉）は重要な貿易品でした。そこで、イギリスはアメリカにお茶を輸出するとき、**茶税**という税をかけたのです。植民地アメリカの人々はこれに対抗《たいこう》し、オランダから無税の安いお茶を密輸しました。

本国イギリスは密輸を取りしまるとともに、イギリスのお茶しか販売《はんばい》できないように決めた「**茶法**」を制定しました。これに植民地の人々は怒り心頭！　「お茶をにごす」ことなく、アメリカ東岸ボストンの港に停泊《ていはく》していたイギリス船を襲撃《しゅうげき》し、積み荷のお茶を海に投げすてたのです。

ここから「ボストン茶会事件」の名がついたのでした。

らの権利を確保するために政府がつくられる。これは人民の同意にもとづかなければならない。政府がこの原理を破壊《はかい》するようなことになれば、人民は政府を改革・廃止《はいし》する権利をもっている。……

このように「アメリカ独立宣言」は、植民地支配からの独立を宣言しただけではなく、民主主義の基本を定めたものでした。

とりわけ**抵抗権**には、税の問題を考える上で重要な意味があります。勝手な税の導入を含む不平等な政治に対し、市民に抵抗する権利があると認めたからです。この宣言は、次に説明する「フランス革命」にも大きな影響《えいきょう》をあたえました。

❸ フランス――「人権宣言」に示した税の原則

■国王への不満、税への不満噴出！

つづいて、アメリカ独立戦争からまもない、18世紀の**フランス**に目を移します。

このころのフランスは国王が絶対的な権力をもっていました。

国王を支えていたのは、教会の**聖職者**（第一身分）と**貴族**（第二身分）たちです。かれらはたくさんの土地をもっていましたが、税をはらわなくてもよいという特権があたえられていました。国王への忠誠の見返りといってよいでしょう。

いっぽう、人口の90％以上を占《し》める農民や都市住民といった**平民**（第三身分）は重い税に苦しめられていました。人権の大切さを説く思想（啓蒙《けいもう》思想）の広がりとともに、自分たちだけが苦しい生活はおかしい、と考える平民が増えていったのです。

しかし、フランスの国家財政は破綻《はたん》寸前でした。国王や貴族のぜいたくな宮廷《きゅうてい》生活への支出にくわえ、前述のアメリカ独立戦争の支援《しえん》による出費が重なっていたからです。

国王のルイ16世は財政を立て直すため、それぞれの身分の代表を集めた三部会を開いて、新たな税をかけようと考えました。聖職者や貴族などの特権身分も課税対象になったのです。三部会の召《しょう》集《しゅう》は、約１７０年ぶりでした。採決は身分ごとの一票なので、聖職者と貴族が力を合わせると、平民が負けてしまいます。聖職者や貴族は当然、自分たちも対象となる税の導入には反対です。議決方法をめぐっても、両者は対立しました。

そこで、平民は三部会からぬけ出し、自分たちだけで議会を立ち上げたのです。その後、国王に不満をもつ貴族や聖職者もくわわり、「国民議会」として生まれ変わりました。

■**民衆が起こしたフランス革命**

これに怒った国王ルイ16世は、軍隊を集めて民衆に圧力をかけようとしました。しかし、これが引き金になりました。多くの民衆がパリ市内にある**バスティーユ牢獄《ろうごく》**をおそい、反撃《はんげき》に出ようとしたのです。ここに火薬や武器が保管されていると思われていたからです。

民衆の蜂起《ほうき》はフランス全土に広がりました。そして1789年、国民議会は封建的《ほうけん》な特権制度の廃止《はいし》を決定するとともに、「人間と市民の権利宣言」を採択《さいたく》したのです。有名な**「フランス人権宣言」**です。

しかし、国王は「宣言」を認めようとしませんでした。新しい法律の制定には、主権者である国王の承認がどうしても必要です。混乱によって物価も上昇《じょうしょう》するなか、パリの民衆は女性を先頭に、国王が住むヴェルサイユ宮殿《きゅうでん》に突入《とつにゅう》しました。そして、国王を説得して、「宣言」を認めさせたのでした。その後、平民からの信頼《しんらい》を得た国民議会は新しい憲法を制定しました。そして国王よりも議会を優先する政治のしくみを確立させたのです。

■「人権宣言」に示された税の原則

フランス革命の混乱はその後もつづき、軍人のナポレオンが権力をにぎって皇帝《こうてい》になるなど、民主的な議会政治がすぐに定着したわけではありません。しかし、フランスの「人権宣言」の精神は次の世代に受け継がれ、世

バスチーユ牢獄に押し寄せる市民

界の国々にも広がっていきました。
フランスの「人権宣言」（部分要約）を見てみましょう。

〔第1条〕人は生まれながらにして自由で平等な権利をもっている。
〔第2条〕あらゆる政治的な団結は、人の当然の権利である。それは自由・所有・安全および圧政に抵抗《ていこう》する権利のことである。
〔第3条〕あらゆる主権の原理は、本質的に国民にある。

主権が国民にあること、つまり、それまで特権階級だけのものだった政治を民衆のものであると断言したのです。近代的市民社会の原理といってよい、**自由・平等・言論の自由・私有財産の不可《ふか》侵《しん》**なども宣言されたのです。

さらに、税についての原則も示されました。

〔第13条〕治安維持《いじ》や行政のために、共同の租税が不可欠である。税はすべての市民によって、その能力に応じて平等に分担されなければならない。
〔第14条〕市民は自分または代表者（議員）によって税の必要性を確認する。必要と認めないと税金をかせられない。また、その使い道を監視《かんし》できる。

このようにして、「**税のあり方は市民が決める**」という原則ができました。市民革命のこうした成果は紆余曲折《うよきょくせつ》をへて、ヨーロッパ全土に広まっていきました。やがて日本にも明治時代になると伝えられ、少しずつ国民のあいだにも浸透《しんとう》していったのです。これらの原則は、現在の日本国憲法にも反映されています。

❹ 日本――国民主権と租税法律主義までの道のり

■物納から金納への大改革

ふたたび日本にもどりましょう。

江戸時代、政治の実権は将軍とそれを支える老中《ろうじゅう》がにぎっていました。おさらいすると、税のしくみは年貢《ねんぐ》米による物納が中心でした。しかし、米は豊作・不作の影響《えいきょう》を受けやすく、値段も安定しません。そのため、抜本《ばっぽん》的な見直しが求められていたのでした（125ページ）。

さまざまな面で、江戸幕府は制度疲労《ひろう》を起こしていたのです。そして、アメリカの軍人ペリーが率いる黒船の来航《らいこう》などによって、幕府は長くつづけてきた、いわゆる「鎖国《さこく》」政策を廃止《はいし》しました。

また、財力をつけていた雄藩《ゆうはん》とよばれる藩も、世界に目を向けるようになりました。幕府の政治を根底から変えようとしたのが、雄藩の薩摩《さつま》藩と長州《ちょうしゅう》藩でした。この両藩と土佐《とさ》藩・肥前《ひぜん》藩の4藩が中心になって、新しい明治政府をつくったのです。

明治政府は、さまざまな近代化政策をすすめました。最大の目玉が、税制改革です。1871年、明治政府は**地租改正令**《ちそ》を出したのです。全国の土地を測量し、土地の所有者を確定するとともに、地価（土地の値段）も決め、その3％を地租という税で納めるように変えたのでした。これにより、土地の所有者は年貢米ではなく、現金で納めることになりました。

地租改正は農民の反対をまねきましたが、税率を2・5％に下げたこともあり、数年をかけて全国で実施《じっし》されました。やがて明治政府は安定した財源を確保できるようになっていったのです。

■立憲国家への道のり

近代国家の制度のわく組みが整備されていくと、国民のあいだから政治への直接参加を求める声が上がりはじめました。

旧・薩長土肥《さっちょうどひ》が中心の政治（藩閥《はんばつ》政治）への不満もありましたが、フランスの「人権宣言」に代表される欧米《おうべい》の人権思想が福沢諭吉《ふくざわゆきち》らによって伝えられたことも大きな理由です。こうして、税金を納める者が政治に参加するのは当然だという議論が起こり、言論によって**立憲政治**の実現をめざす**自由民権運動**が広がっていったのでした。立憲政治とは、憲法を定めて国会を開き、議論によってすすめる政治のことです。

これに対し、政府は屋外集会や新聞などでの政府批判を禁止し、自由民権運動をおさえようとしました。しかし、流れは止まりませんでした。自由民権運動は全国に広がり、1880年には各地の代表が集まって、国会を開設するための組織を結成したのです。やむなく政府は10年後の国会の開設を約束し、初代内閣総理大臣に就任した伊藤博文《いとうひろぶみ》を中心に憲法の作成に着手しました。

税金を納めて国の政治運営に参加する。これが議会というシステムです。しかし、政府がつくった**大日本帝国憲法（明治憲法）**は、そのシステムを保証するものではありませんでした。現在の日本国憲法とちがって、議会の決定権も国民の権利も限定的だったのです。

主権者は天皇で、国民は「臣民《しんみん》」（天皇の家来）という位置づけでした。言論・集会・出版・結社の自由も「法律の範囲《はんい》内」に限られていました。つまり、法律さえつくってしまえば、政府に反対する者をどのようにでも取りしまることができたのです。実際、治安警察法や**治安維持法《ちあんいじ》**などといった、国民の言論の自由や政治活動の自由をうばう法律が制定されています。

また、帝国議会の議員の選挙権も「**25歳《さい》以上の男性で、直接国税15円以上納める者**」に限られていました。これは人口のわずか1・1％にすぎず、99％の国民が政治に参加できなかったのです。女性にはいっさい参政権が認められていませんでした。

大正時代になると、税金の額にかかわらず選挙権を認めてほしいという運動（普通《ふつう》選挙運動）や、労働者のストライキ権の獲得《かくとく》を求める運動なども広がりました。こうした動きを**大正デモクラシー**といいます。

■**民主的な憲法の制定**

昭和時代の前半は戦争の時代でした。１９３８年に**国家総動員法**が制定されると、人も物資も税も、すべて戦争のために、法律名どおりに総動員されました。国民が税の行方《ゆくえ》を議論することなど許されなかったのです。

しかし、アジア・太平洋戦争が終わると、民主的な**日本国憲法**が制定され、税についての議論も自由になりました。

日本国憲法には、それまでだれもが自由に政治に参加できなかったこと、自由な考えが弾圧《だんあつ》されてきたことへの反省がこめられています。私たち国民が主権者であること、国民の人権を守ること、戦争をしないことがかかげられています。**「国民主権」「基本的人権の尊重」「平和主義（戦争放棄《ほうき》）」**の3原則です。天皇は「日本国及《およ》び国民統合の象徴《しょうちょう》」となりました。主権者・国民の代表である国会が「国権の最高機関」となったのです。

税についても、私たち主権者が法律をつくり、自分たちが納める税を決めるように定められました。第1部で説明したとおり、これを**租税《そぜい》法律主義**といいます。アメリカ独立戦争のときのスローガンとしてかかげられた「代表なくして課税なし」も似た意味ですね。

時代《じだい》をへて、現代《げんだい》の日本国憲法《にほんこくけんぽう》にかわってきました

こうして、同じ税といっても、それまでの税とはまったくちがう性質のものになったのです。

女性参政権　「民権ばあさん」が怒った！

《女性はフツーじゃないの？》

日本で**普通選挙法**《ふつう》が成立したのは、1925（大正14）年のことです。これによって、納税額による制限が撤廃《てっぱい》されました。

しかし、満25歳《さい》以上の男子だけで、女性に選挙権はあたえられなかったのです。したがって、正しくは**男子普通選挙法**と記すべきでしょう。女性に参政権があたえられたのは、戦後の1946年のことです。

《参政権をよこせ！》

この男子普通選挙法の制定よりもずっと前、1878（明治11）年に参政権を行使した女性がいます。高知の**楠瀬**《くすのせ》**喜多**《きた》です。

楠瀬喜多

喜多は21歳で結婚しましたが、38歳のときに夫と死別しました。区会議員の選挙がおこなわれたとき、喜多は未亡人戸主として税金を納めていたので、当然の権利として投票所に向かいました。しかし、女性であることを理由に、「門前ばらい」されたのです。

喜多は「**納税の義務**をはたしている。なのに、**選挙権**を行使できないのはおかしい。参政権をよこせ！」と強く訴《うった》えたのでした。このことが新聞に掲載《けいさい》されると、多くの人が喜多を支援《しえん》しました。そして、ねばり強い交渉《こうしょう》の結果、地元・上町《かみまち》町会での参政権が認められたのです。日本初のことでした。それどころか、女性参政権は海外でも一部でしか実現しておらず、世界の女性解放運動史においても画期的なことでした。

数年後、政府がその権利をうばいましたが、喜多はめげることなく、女性の自由民権運動家として活動しました。そして、いつしか喜多は「**民権ばあさん**」とよばれるようになったのです。故郷の上町には、喜多の功績《こうせき》をたたえ、「婦人参政権発祥《はっしょう》の地」の碑《ひ》が立てられています。

第3章　世界と日本の税のいまとこれから

❶「小さな政府」か「大きな政府」か

■「小さな政府」のアメリカ

国民主権の憲法をもち、民主主義を採用している立憲国家では、国民が税のことを決めることになっています。ただし、決められた税のしくみは、国によってさまざまです。

まず、**「超大国」アメリカ合衆国**の税のしくみを見ていましょう。

いまのアメリカ政府は、「税は少なく、その分、公共のサービスも少なく」という考えをとっています。サービスは企業《きぎょう》が提供し、人々はお金をはらってそれを買うことになります。では、健康もお金で買わなければならないのでしょうか。

日本には「健康保険制度」があり、国が責任をもって運営しています。健康保険制度とは、病院などでかかる医療《いりょう》費を保険料や税金で補うことで、患者《かんじゃ》が実際に窓口ではらう金額を少なくする制度です。みなさんが病気になっても、実際にはらう金額は2～3割ほどですみます。国民全員の加入が義務付けられ、国民皆《かい》保険制度とよばれています。

アメリカにはこの制度はなく、民間の保険会社が独自のサービスを提供していますが、民間の企業なので利益優先になります。掛け金はとても高額で、低所得者にはなかなかはらえません。

このようなアメリカのような政府を、「**小さな政府**」といいます。「小さな政府」とは、政府が人々の生活や企業の活動になるべく関与《かんよ》せず、集める税も少ないかわりに提供するサービスも少ない政府のことです。「小さな政府」は、人々が暮らすのに必要なものは「市場《しじょう》」のなかでつくられ、行きわたっていくという考えに支えられています。

ここでいう「市場」とは、町なかの市場《いちば》のことではありません。モノや投資したお金などが行き交《か》う経済活動の場のことです。「市場《しじょう》」には、「必要な商品」とそれを「求める人」がやりとりをする。つまり、需要《じゅよう》と供給のバランスで価格や生産量が決まるというしくみを有しています。

■拡大する格差

「小さな政府」には、良い面も悪い面もあります。

提供するサービスが少ない代わりに、企業をしばりつける法律をあまりつくりませんし、企業活動に高い税もかけません。企業が活動しやすくなれば、国の経済が活性化して雇用《こよう》も増え、その結果、国民全体が豊かになるという考えにより立っています。

ただ、なにもかも企業に任せると、さまざまな問題が生じます。利益を優先する企業が支配する「市場」では、お金のない人は十分なサービスを受けることができません。歯の治療や質の高い教育、安心して子どもを預けられる保育所なども、お金がなければ利用できないのです。どれだけ勉強ができても、よい大学に入ることはできません。逆に、お金持ちは高い質の医療・教育サービスを受けられます。そのため、社会で成功する確率も高くなります。貧しい人はさらに貧しく、豊かな人はさらに豊かになるというわけです。こうして、差がどんどん広がっている社会を**格差社会**といいます。

アメリカでは、2008年のリーマン・ショック（大手投資会社の倒産《とうさん》）をきっかけに起こった金融《きんゆう》危機で景気が悪化し、たくさんの人の雇用《こよう》が失われました。アメリカは極端《きょくたん》な格差社会です。もっとも裕福《ゆうふく》な1%の人たちだけで、合衆国全体の資産の3分の1以上を所有しているというデータがあります。リーマン・ショックは低所得者を直撃《ちょくげき》しました。このとき、若者を中心に多くの人がニューヨークのウォール街に集まり、こう叫《さけ》んだのです。

「ウォール街を占拠《せんきょ》するぞ！」

「私たち99%の国民の声を聞け！」

ウォール街は世界的な金融機関が集まる街、裕福な1%が巨額《きょがく》のお金を動かしているという象徴《しょうちょう》的な街です。この抗議《こうぎ》行動は**オキュパイ運動**とよばれ、世界じゅうに報道されまし

た。

■「大きな政府」の社会保障

北ヨーロッパの国々のしくみは、アメリカと正反対です。

「税は多く、その分、公共サービスもたっぷり」という考えです。所得のほとんどを税として納める代わりに、社会保障が充実《じゅうじつ》しています。

北欧《ほくおう》の小国、**デンマーク**を例にあげましょう。デンマークは人口約550万人、面積も約4・3万平方キロ（九州地方とほぼ同じ）という小さな国です。童話作家アンデルセンの出身国、おもちゃのレゴが生まれた国といえば、みなさんも親しみがわくのではないでしょうか。デンマークの税金は、きわめて高額です。消費税の税率は25％で、そのほかにもさまざまな税があり、すべてを合わせると、所得の約7割が税金として差し引かれるのです。その代わりに、充実した社会保障制度や公共サービスが用意されています。風邪《かぜ》を引いて診察《しんさつ》してもらっても、大手術を受けて入院しても、医療費はまったくかかりません。職を失っても、失業手当として1年間、在職時の給与《きゅうよ》の約9割がしはらわれます。安定した年金制度が整備されているので、老後の不安もありません。その結果、デンマークは高額な税負担にもかかわらず、「**世界でもっとも幸福度が高い国**」のランキングで常に上位に入っています。

デンマークのように、多くの税収を元手に充実した公共サービスを提供する政府を「**大きな政府**」といいます。ここでは、「小さな政府」のアメリカで生じている格差拡大の問題は、ほとんど見られません。集めた税を貧しい人に分配し、格差を是正《ぜせい》しているためです。病気になっても、仕事がなくなっても、お金がなくても、安心して生活できる基盤《きばん》が「**税の再分配**」によって築かれているのです。

しかし、「大きな政府」にも問題があります。

税負担が大きい分、企業や国民の経済活動を萎縮《いしゅく》させてしまう方向にかたむきがちです。また、福祉《ふくし》制度が充実しすぎているため、どうしても働く意欲を失ったり、自立への努力を怠《おこた》ったりする人々が増えやすいという側面もあります。

このように、税金の集め方や使い方によって、社会のありようも大きく変わります。ここで問われるのは、私たちがどんな価値を重んじるかということです。

❷ 税を集めない国、税のない国

■税を集めない国

世界には、こうした税の論議など必要のない国、つまり税金がほとんどない国もあります。石油や天然ガスなどの地下資源が豊富で、それを海外に輸出して得た収入だけで、国の財政が足りるような国です。

東南アジアの**ブルネイ（ブルネイ・ダルサラーム国）**も、そのひとつです。

ブルネイは人口40万人にも満たない、小さなイスラム国です。この国には、個人に対する所得税や住民税がありません。また、医療費《いりょうひ》も無料です。石油や天然ガスが豊富で、その収入をもとに豊かな公共サービスを提供できるからです。

しかし、地下資源は無尽蔵《むじんぞう》ではありません。いつかは枯《か》れてなくなってしまいます。実際に、地下資源にたよりすぎて、資源がなくなると同時に破綻《はたん》してしまった国があります。太平洋にうかぶ島国の**ナウル共和国**です。リン鉱石が豊富で、その輸出によって財政をまかなえたので、国民から税金をとる必要がなかったのでした。ところが、1990年代に入り、リン鉱石の採掘《さいくつ》量が減少しはじめると、それにともなって財政も悪化。ほかに外貨をかせげる産業もなく、ナウルの国家財政は破綻してしまいました。

現在、サウジアラビアをはじめ、資源輸出に依存《いそん》している多くの国では、資源で得たお金をもとに観光業や金融《きんゆう》業を育てようとしています。「希望のない国」とまで形容されるナウルの二《に》の舞《まい》にならないようにするためです。

■格安の税を〝売り〟にしている国

ナウルだけではありません。世界には財源を得るための術《すべ》を

ブルネイの首都バンダルスリブガワンのモスク

もたない小国がたくさんあります。

近年、これらの小さな国・地域のなかには、企業に税金を一切かけないというしくみを採用しているところが増えてきました。第1部で説明した**タックスヘイブン**です（30ページ）。税負担を減らしたいグローバル企業は、税金のない国や安い国に拠点《きょてん》を移そうとします。シンガポールやケイマン諸島、英領バージン諸島などが、こうした拠点になっています。

2016年、タックスヘイブンの手続きを請け負《う》う中米の国パナマの法律事務所から、膨《ぼう》大な数の内部文書が流出し、世界に衝撃《しょうげき》をあたえました。「税逃《のが》れ」をした企業・人物の情報ファイル1千万件以上が含まれていたからです。**パナマ文書**とよばれるこのファイルには、超大国の首脳やその親族、名だたる企業、著名人、セレブたちの名がありました。翌年《よくとし》には、英領バミューダ諸島を利用した**パラダイス文書**も公開され、同じく世界に衝撃をあたえました。

ところで、税金をかけない国は、どのようにして財源を確保しているのでしょう。最大の収入源は、手数料です。税金を安くすればするほど、世界中の企業がタックスヘイブンの国に集まり、お金のやりとりをします。その際、税金ほどは高くない、適度な手数料をかけることで、利益を得ているのです。

当然、タックスヘイブンには問題があります。企業が活動している国に、正しく税金が納められないということは、その国の財政が成り立たなくなるおそれがあるからです。国際社会はいま、まさに国境をこえて、この**租税回避**《そぜいかいひ》（税逃れ）の防止と取りしまり策を強化しようとしています。

❸ 日本の税、これからどうしよう

■これからの税のあり方

税をだれからどうやって集め、なにのためにどれくらい使うのか。ここまで、国によってちがうことを見てきました。どんな社会が望ましいと国民が考えているのかで、ちがいが生まれてくるのですね。

日本はアメリカ型と北欧《ほくおう》型の中間だと分析《ぶんせき》する専門家もいます。いや、アメリカ型に近づいていると分析する専門家もいます。みなさんはどんな社会、どんな税のあり方を望みますか。納める税金は少ないのに、受ける医療《いりょう》や年金制度などは充実《じゅうじつ》している——こんな社会が理想的ですが、それは簡単なことではありません。

日本は、子どもの出生数がどんどん減り、労働人口も減少しているので、税収入も少なくなっています。寿命《じゅみょう》が伸《の》びていることは望ましいことですが、働けなくなった高齢《こうれい》者が納める税金はわずかなので、税収の増加には結びつきません。高齢になればなるほど心身の機能が衰《おとろ》えていくので、医療や介護《かいご》にかかる支出は増えます。いっぽう、企業や高所得者への減税は続いています。そして、国の借金は増えるばかりです。これからの日本の社会を支えるためには、巨額の借金をだれかが負担しなければなりません。だれがどう負担すればいいでしょうか。

■最後に

税のことを考えると、これまでくり返してきたように、かならず「**公平**」とはどういうことか、「**幸福**」とはどういうことか、という問題につきあたります。どのような税制度が「公平」なのか。そして、どう運用すれば、国民と社会全体の「幸福」に結びつけられるのか。

昔とちがって、いまそれを決めるのは国民です。決めるのは、この本を読んでいるみなさんなのです。

●監修者プロフィール

三木　義一（みき・よしかず）

1950年、東京生まれ。中央大学法学部卒。一橋大学大学院修了後、立命館大学教授、青山学院大学学長を経て、弁護士。2010年には民主党政権下で政府税制調査会専門会員に就任。主な著書に『日本の税金（第3版）』（岩波書店）、『税のタブー』（インターナショナル新書）などがある。

●編集・組版／大迫秀樹
● イラスト／加門啓子
●装丁／本堂やよい
●写真／アフロ、海上自衛隊、航空自衛隊、PIXTA、毎日新聞社、山梨県大月市消防本部、読売新聞社

本書は、2014年に刊行されたシリーズ「税ってなに？」全4巻を再編集しました。

13歳からの税

2020年1月31日　初版発行

監修者―© 三木 義一
発行者―竹村 正治
発行所―株式会社かもがわ出版
〒602-8119　京都市上京区出水通堀川西入亀屋町321
営業　TEL：075-432-2868　FAX：075-432-2869
振替　01010-5-12436
編集　TEL：075-432-2934　FAX：075-417-2114

印刷―シナノ書籍印刷株式会社

ISBN　978-4-7803-1070-2 C0033